Fabian Lenk
Tatort Geschichte · Fluch über dem Dom

Ratekrimis mit Aha-Effekt
aus der Reihe Tatort Geschichte:

- Anschlag auf Pompeji
- Eine Falle für Alexander
- Falsches Spiel in der Arena
- *Fluch über dem Dom*
- Gefahr für den Kaiser
- Gefahr auf der Santa Maria
- Der Geheimbund der Skorpione
- Das Geheimnis des Druiden
- Das Geschenk des Kublai Khan
- Das Vermächtnis des Piraten
- Der Mönch ohne Gesicht
- Im Netz der Falschmünzer
- Rettet den Pharao!
- Überfall im Heiligen Hain
- Die Rückkehr des Feuerteufels
- Im Schatten der Akropolis
- Die Spur führt zum Aquädukt
- Spurensuche am Nil
- Unter den Augen der Götter
- Verrat am Bischofshof
- Verschwörung gegen Hannibal

Fabian Lenk

Fluch über dem Dom

Illustrationen von Michaela Sangl

Mix
Produktgruppe aus vorbildlich
bewirtschafteten Wäldern und
anderen kontrollierten Herkünften

Zert.-Nr. GFA-COC-001223
www.fsc.org
© 1996 Forest Stewardship Council

ISBN 978-3-7855-5035-9
4. Auflage 2009
© 2004 Loewe Verlag GmbH, Bindlach
Umschlagillustration: Michaela Sangl
Umschlagfoto: gettyimages
Printed in Germany (003)

www.loewe-verlag.de

Inhalt

Die blutenden Steine 11
Verräterische Spuren 23
Das verfallene Haus 32
Der geheimnisvolle Schlüssel 43
Unter Verdacht 55
Ein hartes Urteil 65
Anschlag auf die Heiligen Drei Könige 75
Schritte im Dunkeln 88
Die rechte Hand des Teufels 101

Lösungen 112
Glossar 114
Zeittafel 116
Der Kölner Dom
und die mittelalterlichen Zünfte 117
Grundriss des Kölner Doms 123

Die blutenden Steine

Der lange Arm des Krans ächzte unter dem Gewicht des riesigen Steinblocks. Langsam hob der Quader vom Boden ab und schwebte am Dom hinauf zu den hohen Wänden des Mittelschiffs, dem Obergader.

„Nicht lockerlassen!", feuerte der Vorarbeiter Wolfgang die Windenknechte an. Mit schweißüberströmten Gesichtern legten sich die Männer im Tretrad ins Zeug. Stück für Stück wurde der Stein weiter hochgehievt, bis ein neues, scharfes Kommando ertönte.

„Halt, und jetzt nach links!" Die Stimme gehörte zu einem der Maurer, die auf dem Gerüst in fast 40 Metern Höhe standen. Kräftige Hände nahmen den Quader in Empfang, lösten den Zwingkeil und fügten den exakt behauenen Stein in die Mauer ein.

„Los, gleich den Nächsten!", trieb Wolfgang seine Männer an. „Beeilt euch, es wird bald dunkel!" Die Arbeiter gehorchten ohne Murren, obwohl sie seit Tagesanbruch auf der Großbaustelle schufteten.

Jetzt näherten sich zwei Kinder dem Vorarbeiter:

Johannes, ein 14-jähriger Junge mit sandfarbenem Haar und Stupsnase, und seine drei Jahre jüngere Schwester Klara, die einen Korb trug.

„Weißt du, wo unser Vater ist?", wandte der Junge sich an Wolfgang.

Der Vorarbeiter ließ den Blick nicht vom Kran. „Keine Ahnung. Er musste kurz weg, ich weiß nicht, wohin."

Klara sah ihren Bruder erstaunt an. „Komisch. Ich habe noch nie erlebt, dass Vater während der Arbeit die Baustelle verlässt."

Auch Johannes war überrascht. Ihr Vater Arnold, ein gelernter Steinmetz, war Architekt und Bauleiter in einer Person. Als Dombaumeister beaufsichtigte er sämtliche Handwerker, zeichnete die Baupläne, bestellte Material aus dem Steinbruch und stellte Schablonen für Werkzeuge her. Für Arnold gab es von morgens bis abends immer etwas zu tun.

Klara setzte sich an der Dombauhütte auf einen Steinblock. „Lass uns hier auf ihn warten. Lange ist er bestimmt nicht weg." Johannes ließ sich neben der Schwester nieder. Begeistert sah er den Handwerkern zu. Sie alle – Gerüstbauer, Zimmerleute, Dachdecker, Schmiede und Steinmetze – arbeiteten für ein Ziel: die Fertigstellung dieser gewaltigen Kathedrale, die trotz ihrer Größe scheinbar schwerelos gen Himmel strebte. Johannes träumte davon, später selbst Dombaumeister zu werden. Die Vorstellung, wie sein Vater ein so gigantisches Bauwerk weiterzuführen, erfüllte ihn mit brennendem Ehrgeiz. Schließlich war der Kölner Dom nicht einfach irgendeine Kirche – er sollte die größte Kathedrale der Welt werden! Denn in seinem Innersten bewachte der Dom etwas einmalig Schönes und Wertvolles: den berühmten Schrein mit den Gebeinen der Heiligen Drei Könige. Seit mehr als hundert Jahren befanden sie sich nun in Köln und lockten jedes Jahr Tausende von Pilgern in die Stadt. Johannes sehnte den Tag herbei, an dem er die Schule verlassen und seine Lehre als Steinmetz beginnen konnte. Natürlich war sein Vater der ideale Lehrmeister, bei dem er alle Geheimnisse der Baukunst erlernen würde und –

„Mach den Mund zu, es zieht", spottete Klara.

Johannes warf seiner Schwester einen bösen Blick zu. Wieder einmal hatte sie ihn beim Träumen ertappt.

„Wo bleibt Vater nur?", fragte sich Klara. „Wir haben doch so feine Sachen für ihn dabei."

Johannes nickte zustimmend. Im Korb lagen frisches Brot und ein leckerer Käse. Plötzlich hatte Johannes mächtig Hunger.

„Vergiss es", sagte Klara streng. „Die Brotzeit ist für Vater bestimmt."

Neben ihrer spitzen Zunge störte Johannes diese Eigenschaft Klaras am meisten: Seine Schwester schien seine Gedanken lesen zu können und wusste immer genau, was er vorhatte. Er war für sie anscheinend wie ein offenes Buch.

„Weiß ich doch", erwiderte er schnell. „Deswegen sind wir schließlich hier."

„Du sagst es. Mutter sorgt sich, dass Vater mal wieder zu wenig isst. Bestimmt –"

Ein Schrei ließ sie zusammenfahren. Er kam vom Obergaden. Die Kinder sprangen auf und liefen, so schnell sie konnten, zum Fuß des Gerüstes an der Innenseite des Doms.

Hoch über ihnen sahen sie Meinhard, einen der Maurer, auf dem Gerüst stehen. „Der Teufel", stammelte er. „Das, das ist bestimmt ein Werk des Teufels."

Schon kamen der Vorarbeiter und ein paar Steinmetzen herangestürmt und schoben die Geschwister zur Seite.

„Was ist los?"

„Hier ist alles voller Blut!", rief der Maurer und bekreuzigte sich. „Seht doch selbst!"

Wolfgang erklomm das Gerüst. Die anderen folgten ihm – zum Schluss auch Johannes und Klara.

„Bleib lieber unten, das ist zu gefährlich", befahl Johannes seiner Schwester.

„Unsinn, ich bin ja schon fast da", widersprach Klara.

Als sie oben ankamen, deutete Meinhard mit bleichem Gesicht auf die Mauer. Die Kinder erschauderten. Eine rote Flüssigkeit perlte an der Wand hinab. Daneben stand in großen roten Buchstaben das Wort „Satan" an der Mauer, und etwas weiter unten war der verwischte Abdruck einer rechten Hand zu sehen.

„Die Steine bluten", flüsterte der Maurer. Seine Augen waren weit aufgerissen. „Satan ist unter uns!"

„Red keinen Unsinn", herrschte ihn der Vorarbeiter an. Aber auch er wirkte verängstigt. „Vielleicht hat sich jemand einen bösen Scherz erlaubt!"

„Das glaube ich nicht", flüsterte Meinhard. „Ich jedenfalls habe niemanden gesehen. Wir haben dort drüben gearbeitet ..."

Klara gab ihrem Bruder einen leichten Stoß in die Rippen. Als er zu ihr sah, deutete sie mit der Fußspitze auf einen Eimer mit Mörtel. Johannes erkannte, was sie meinte: Neben dem Eimer lag ein Zirkel. Es handelte sich jedoch nicht um einen beliebigen Zirkel, wie ihn alle Steinmetzen bei sich trugen, sondern um ein besonders feines Stück aus Silber. Johannes war sich sicher – das war der Zirkel ihres Vaters! Wie kam er nur hierher? Instinktiv machte er einen Schritt nach vorne und setzte vorsichtig einen Fuß auf das Werkzeug. Dann beugte er sich unauffällig nach unten, als müsse er eine Schnalle an seinen

Sandalen festzurren, und ließ den Zirkel blitzschnell im Ärmel seines Hemdes verschwinden. Mit pochendem Herzen schaute er sich um. Niemand schien etwas bemerkt zu haben. Klara zwinkerte ihm zu. Gut gemacht, hieß das.

Inzwischen waren immer mehr Männer auf das Gerüst geklettert. Es schwankte bereits bedenklich. Beim Anblick des Blutes begannen die Männer, erschrocken miteinander zu tuscheln. Wilde Vermutungen wurden laut. Und immer wieder fiel der Name des Teufels. Jemand begann, das Vaterunser zu beten. Andere fielen murmelnd ein. Doch plötzlich erhob sich Meinhards schrille Stimme über das beunruhigte Raunen: „Hier arbeite ich nicht länger! Die Baustelle ist verflucht!"

Die Arbeiter nickten zustimmend und gleichzeitig verängstigt. Wolfgang sah sich hektisch um. Panik drohte auszubrechen.

Meinhard rang die Hände. „Der Herr hat uns verlassen. Wir sind verloren!"

Wütend packte ihn der Vorarbeiter am Kragen, schüttelte ihn und drohte: „Sei endlich still! Du sorgst noch für einen Aufstand!"

Meinhard warf ihm einen finsteren Blick zu, schwieg jedoch.

„Alle Mann runter vom Gerüst!", befahl Wolfgang jetzt. „Sonst bricht es noch zusammen!"

Widerwillig gehorchten die Handwerker und kletterten nach unten. Dort hatte sich bereits eine Traube von Schaulustigen gebildet.

„Wird wirklich Zeit, dass Vater zurückkommt!", flüsterte Johannes seiner Schwester zu.

„Da ist er doch schon", erwiderte Klara und zeigte zur Bauhütte hinüber. Ein kleiner, dünner Mann mit einer spitzen Nase rannte auf sie zu – unverkennbar Arnold.

„Was soll der Lärm?", fragte er atemlos, als er bei ihnen angelangt war. In knappen Sätzen berichtete ihm der Vorarbeiter, was Meinhard entdeckt hatte. Dabei drohte erneut ein Tumult auszubrechen. Nur mit Mühe gelang es dem Baumeister, die Handwerker zu beruhigen.

„Geht zurück an eure Arbeit", ordnete er mit einer

Stimme an, die keinen Widerspruch duldete. „Sicher wird sich eine Erklärung für diesen Spuk finden."

Allmählich zerstreute sich die Gruppe, nur der Vorarbeiter blieb zurück. Johannes bedauerte das. Zu gern hätte er seinen Vater ohne Zeugen gefragt, wie sein Zirkel auf das Gerüst gekommen war.

„Kleine Kuchen, wer mag kleine Kuchen?", rief in diesem Moment jemand hinter ihnen. Die Kinder drehten sich um. Winrich, der fliegende Händler, stapfte auf sie zu. Er war ein großer, dicker Mann mit einem Buckel. Johannes und Klara mochten den gutmütigen, in Lumpen gekleideten Verkäufer, der stets mit seinem Bauchladen herumlief. Winrich hatte es nicht leicht. Er wurde nicht nur wegen seines Buckels oft verspottet, viele glaubten sogar, dass Winrich damit von Gott für eine besonders schlimme Sünde bestraft worden sei. Dabei konnte der Hüne keiner Fliege etwas zuleide tun.

„Feine Leckereien, frisch aus dem –"

„Nein danke, Winrich", schnitt Arnold ihm das Wort ab. „Jetzt ist nicht der richtige Augenblick!"

Der Händler steckte den Kindern je ein kleines Kuchenstück zu und ging seines Weges. Arnold und sein Vorarbeiter beratschlagten weiter, was sie im Fall der blutenden Steine unternehmen sollten.

Klara zog Johannes beiseite und fragte: „Glaubst du, dass wirklich der Teufel seine Finger im Spiel hatte?"

„Nein. Ich vermute eher, dass sich jemand einen bösen Scherz erlaubt hat."

„Aber wie kommt es, dass Blut aus den Steinen fließt? Lass uns doch mal auf der anderen Seite der Mauer nachsehen. Da steht doch auch ein Gerüst."

„Gute Idee. Aber ich gehe allein", meinte Johannes. „Du bleibst hier."

„Niemals!"

Johannes blies die Backen auf. Warum musste seine Schwester immer so störrisch sein?

Arnold war zu sehr in das Gespräch vertieft, um zu

bemerken, dass sich seine Kinder davonstahlen. Rasch kletterten die beiden das andere Gerüst hinauf, auf dem zurzeit niemand arbeitete. Unbehelligt gelangten sie nach oben zur anderen Seite des Obergadens.

„Oh nein!", entfuhr es Klara. Fast wäre sie in eine Blutlache getreten. Sie blickte hoch. An der Mauer war nichts zu sehen.

Johannes war plötzlich seltsam kalt. Hatte der Maurer doch recht gehabt? Und war der Teufel vielleicht noch hier? Er schloss die Augen. Nein, sagte er sich. Ihre Eltern hatten sie zu gläubigen Menschen erzogen, aber nicht zu abergläubischen. Hier mochten andere Kräfte am Werk sein, aber nicht Satan. Er blickte nach oben. Konnte es sein, dass der Täter das Blut über die Mauerkrone gegossen hatte? Dann wäre es auf der anderen Seite hinabgelaufen, und man konnte meinen, dass die Steine tatsächlich bluteten. Er teilte Klara seinen Verdacht mit.

„Tja, und dann hat sich der Kerl aus dem Staub gemacht und gewartet, dass jemand sein scheinbar teuflisches Werk entdeckt", schloss er. „Nur schade, dass wir das nicht beweisen können."

Klara schüttelte den Kopf. „Vielleicht haben wir keinen Beweis. Aber eine Spur, die haben wir!"

Welche Spur meint Klara?

Verräterische Spuren

„Gut beobachtet", lobte Johannes seine Schwester. „Es war also auf jeden Fall ein Mensch, und nicht der Teufel. Aber ich frage mich, warum jemand so etwas tut. Das gibt doch keinen Sinn."

„Vielleicht doch", erwiderte Klara. „Womöglich verstehen wir nur nicht, was hier vorgeht. Wichtiger finde ich im Moment jedoch die Frage, wie Vaters Zirkel an den Tatort gekommen ist."

Johannes kratzte sich am Kopf. „Das werden wir schon noch herausfinden. Hauptsache, *wir* haben den Zirkel gefunden und nicht jemand anders."

„Ja", pflichtete Klara dem Bruder bei. „Wer weiß, was sonst passiert wäre. Am Ende hätte man noch Vater verdächtigt, hinter all dem zu stecken!" Sie beugte sich über die Blutspur.

„Wir sollten den Fußabdrücken folgen, solange man sie noch gut erkennen kann", sagte sie und machte sich auf den Weg vom Gerüst hinunter.

„Bleib hier!", verlangte ihr Bruder. „Vater erwartet, dass ich auf dich aufpasse. Und die Sache könnte gefährlich werden!"

Klara grinste ihn an. „Was ist los mit dir? Hast du etwa Angst?"

Johannes knirschte mit den Zähnen. Angst war der falsche Ausdruck. Aber richtig geheuer war ihm das Ganze auch nicht. Zwar hatten sie es nicht mit dem Leibhaftigen zu tun – aber mit wem dann? Wer war so verrückt, dieses unheimliche Spiel mit der Furcht zu spielen? Andererseits: Was sollte schon groß passieren, wenn sie der Spur nachgingen? Vielleicht konnten sie den Täter sogar selbst zur Strecke bringen ...

„Kommst du nun oder nicht?", riss ihn Klaras Stimme aus seinen Gedanken. Das Mädchen kletterte bereits die Leiter hinab. Mit schnellen Schritten lief Johannes hinterher. Jede Vorsicht war jetzt vergessen.

Die Fährte führte vom Gerüst ein kurzes Stück über das rückwärtige Baustellengelände und verlor sich vor der Mauer des angrenzenden Grundstücks. Nach kurzer Suche fand Johannes einen schmalen Spalt in der Mauer.

„Hier muss der Kerl wohl durchgeschlüpft sein", vermutete er.

„Dann handelt es sich auf jeden Fall um einen sehr schlanken Menschen", schlussfolgerte Klara, während sie sich durch den Spalt quetschte. Jetzt standen sie in einem Innenhof. Rasch suchten sie mit den Augen den Boden ab: Richtig, da war wieder ein dunkler Fleck auf den Steinen zu sehen – die Blutspur ging weiter! Die Geschwister überquerten den Hof und gelangten durch einen Torbogen in eine düstere Gasse der Altstadt. Die einfachen, teils sehr heruntergekommenen Fachwerkhäuser drängten sich dicht an dicht. Vielfach ragten die Obergeschosse über die Untergeschosse hinaus, um den Bewohnern mehr Platz zu bieten, sodass die Gasse noch enger und bedrückender wirkte. Aus einer Schenke drangen Lärm und der Geruch nach Fisch. Die Geschwister starrten wieder auf den Boden. Wie eine Perlenschnur zog sich die Blutspur über das Pflaster und führte geradewegs zu einem baufälligen Haus.

„Meinst du, der Kerl wohnt da drin?", fragte Klara.

Johannes blieb ihr die Antwort schuldig. Unauffällig musterte er das Gebäude. Die Tür hing schief in den Angeln, die Fenster waren dunkle Höhlen. Nirgendwo war ein Lichtschein zu sehen. Das Haus schien unbewohnt zu sein. Aber die Spur endete dort, und es gab keinen Zweifel ... Der Junge warf einen Blick über die Schulter. In der Gasse war niemand zu sehen. Entschlossen nahm er seine Schwester bei der Hand und lief mit ihr zu dem Haus. Ein paar schnelle Schritte, schon waren sie bei der Tür, zogen sie auf und verschwanden in dem Gebäude. Sie standen in einem düsteren Raum mit niedriger Decke. Darin befanden sich ein Tisch, zwei umgekippte Stühle, eine Truhe, die Feuerstelle – und ein Hackklotz, auf dem etwas lag.

„Was ist das?", flüsterte Klara, dicht an den Bruder gedrängt.

Johannes ging näher an den Klotz heran. Zwei geköpfte Hühner lagen darauf. Die Tiere waren offensichtlich erst vor Kurzem geschlachtet worden. Über dem Stuhl neben dem Klotz hing ein Lederbeutel, aus dem Blut tropfte.

„Der Kerl hat die Tiere geschlachtet, das Blut in den Beutel gefüllt und es dann über die Mauer am Obergaden gegossen", kombinierte Johannes. „Nur dumm für den Täter, dass der Beutel ein Loch hatte. Die Blutspur hat ihn verraten. Wir müssen sofort Vater holen."

Eine Viertelstunde später kamen sie zurück, hinter sich Arnold, den Vorarbeiter Wolfgang und etwa zwanzig Handwerker. Auch der dicke Winrich mit seinem Bauchladen hatte sich dem ungewöhnlichen Zug neugierig angeschlossen. Johannes führte die Männer zielstrebig in das Haus. Er hielt die Laterne, die er vorsorglich mitgenommen hatte, hoch über seinen Kopf und deutete auf den Holzklotz.

„Seht ihr, dort liegen die –" Er brach mitten im Satz ab. Hühner und Beutel waren verschwunden!

„Nun? Was wolltet ihr uns zeigen?", fragte sein Vater ungehalten.

„Es, es ist alles weg", stammelte der Junge und warf seiner Schwester einen Hilfe suchenden Blick zu.

„Die Sachen waren gerade noch da, Vater", sprang sie ein. „Ich schwör's!"

„Und jetzt plötzlich sind sie verschwunden?", fragte der Vorarbeiter ungläubig.

Johannes fiel die Blutspur ein. War sie vielleicht noch zu sehen? Er drängte zurück auf die Gasse. Aber natürlich, er hätte es sich denken können. Die Spur war verblasst und zertrampelt, man konnte nichts mehr erkennen.

Der Vorarbeiter baute sich drohend vor den Kindern auf. „Großartig, ihr beiden! Wolltet ihr euch ein bisschen wichtig machen? Ihr stehlt uns nur die Zeit!"

Johannes und Klara wären am liebsten im Boden versunken.

„Dann war es also doch der Teufel!", brüllte in diesem Moment Meinhard, der Maurer. Seine Stimme bebte. „Ich hab's euch doch gesagt: Die Baustelle ist verflucht!"

Vergeblich versuchte der Dombaumeister, ihn zur Besinnung zu bringen. Panische Angst hatte von Meinhard Besitz ergriffen.

„Ihr alle habt die blutenden Steine gesehen. Dahinter kann kein Mensch stecken. Diese Kinder behaupten, dass uns jemand einen Streich gespielt hat", fuhr Meinhard mit erhobenem Zeigefinger fort. „Aber hier liegen keine toten Hühner, und hier gibt's auch keine Blutspur! Hier gibt es überhaupt nichts. Das Haus ist unbewohnt, das sieht doch jeder!" Der Maurer begann, am ganzen Körper zu zittern.

„Er ist unter uns, ich sage euch, der Satan ist unter uns", kreischte er hysterisch. Die anderen wichen vor ihm zurück. Plötzlich deutete Meinhard auf den Bucklligen und geiferte: „Er ist für das Unglück verantwortlich! Ihn hat der Herr gezeichnet!"

Winrich sah den Maurer mit großen Augen an und meinte verdattert: „Ich? Was ist mit mir?"

„Gib zu, dass du mit dem Teufel im Bunde bist! Er hat dir geholfen", schrie Meinhard. „Wo warst du, als wir das Blut am Obergaden entdeckten?"

„Weiß nicht, vielleicht irgendwo in der Stadt."

„Irgendwo in der Stadt", äffte ihn Meinhard nach. „Und hat dich dort jemand gesehen? Kann irgendjemand das bezeugen?"

Der Bucklige begann zu schwitzen. Hilflos hob er die Schultern.

„Weiß nicht. Kann sein", entgegnete er schwach.

„Seht ihr?", triumphierte Meinhard. „Er weiß es nicht! Aber wir alle wissen, dass du Gott hasst, weil er dich mit einem Buckel gestraft hat."

„Nein, nein, nein! Das ist nicht wahr!", wehrte sich Winrich verzweifelt.

„Oh doch!", brüllte Meinhard. „Du hasst den Herrn dafür, dass er dich gezeichnet hat."

Unter den Handwerkern wurde zustimmendes Gemurmel laut. Die Kinder sahen zu ihrem Entsetzen, dass niemand Winrich Glauben schenkte.

„Gib zu, dass du mit dem Teufel unter einer Decke steckst! Du hast dich heimlich am Obergaden zu schaffen gemacht! Du hast die Steine bluten lassen!"

Der Bucklige wich ängstlich vor dem rasenden Meinhard zurück. Doch zwei kräftige Handwerker stellten sich ihm in den Weg und packten ihn. Einer hob die Faust.

„Haltet ein!", ließ sich jetzt endlich Arnold vernehmen und stellte sich vor Winrich. „Keine Gewalt!"

Klara und Johannes waren erleichtert. Aber wie lange konnte Arnold Winrich schützen?

Johannes nahm seinen Mut zusammen und rief: „Wartet! Wenn Winrich wirklich die Steine zum Bluten gebracht hätte, müsste er von der anderen Seite zum Obergaden gelangt sein. Und das ist nicht möglich – ich kann es beweisen!"

Alle Blicke waren plötzlich auf ihn gerichtet.

„Wie kommst du denn darauf?"

Warum ist Johannes so sicher, dass Winrich nicht von hinten zum Obergaden gekommen sein kann?

Das verfallene Haus

Als sie kurz darauf an dem Spalt in der Mauer standen, atmete Johannes erleichtert auf. Im flackernden Schein der Laterne konnte man ganz schwach immer noch blutige Fußabdrücke vor und hinter der schmalen Stelle erkennen.

Unwillig gab Meinhard zu, dass sich der dicke Winrich unmöglich durch diesen Engpass hätte quetschen können, um zum Obergaden zu gelangen. Der Bucklige bedankte sich leise bei Johannes für dessen Scharfsinn. Doch Meinhard gab sich noch nicht zufrieden.

„Aber wenn nicht Winrich mit dem Teufel unter einer Decke steckt, wer ist es dann?", überlegte er und ließ seine Augen misstrauisch von einem zum anderen wandern. Alle sahen zu Boden. Nur Arnold hielt dem Blick des Maurers stand.

„Hör auf mit dem Geschwätz, Meinhard!", befahl er ihm. „Du hast schon für genug Unruhe gesorgt. Geht nach Hause, Männer. Und morgen will ich euch alle hier wieder auf der Baustelle sehen, damit das klar –"

"Einen Moment noch", ertönte in diesem Augenblick eine schneidende Stimme aus der Dunkelheit.

"Der Vikar des Erzbischofs!", raunte Klara ihrem Bruder zu.

Gregorius, ein hagerer, vornübergebeugter Mann mit dem Gesicht eines Falken, überwachte im Auftrag des Kölner Erzbischofs das Fortschreiten der Arbeiten am Dom. Er war auf der Baustelle kein gern gesehener Gast, nahm er doch sich und sein Amt äußerst wichtig. Hinter ihm drängten sich einige neugierige Priester. Hochmütig blickte Gregorius auf die Handwerker und die Kinder.

"Gut, dass du hier bist, Dombaumeister", sagte er. "Vielleicht kannst du mir erklären, was hier eigentlich los ist! Mir wurde zugetragen, dass die Arbeiten auf der Baustelle seit dem späten Nachmittag ruhen. Du weißt, dass wir uns keine Verzögerungen leisten können."

„Das ist mir sehr wohl bewusst", erwiderte Arnold. „Aber es hat –"

Zornig schnitt ihm Gregorius das Wort ab. „Wenn es dir bewusst ist, dann frage ich mich, warum du nichts dagegen unternommen hast!"

Arnold ließ sich nicht einschüchtern. „Lass mich bitte ausreden, Gregorius. Das würde die Sache erleichtern."

Johannes grinste verstohlen. Es gefiel ihm, wie der Vater dem Vikar die Stirn bot. Die Kinder konnten sehen, wie sich das Gesicht des Vikars während Arnolds Bericht immer mehr verfinsterte.

Als der Dombaumeister fertig war, meinte Gregorius in belehrendem Tonfall: „Dieses Bauwerk soll die größte Kathedrale der Welt werden. Es ist ein Werk Gottes. Und wir als seine Geschöpfe und seine Diener errichten es, um den Herrn zu preisen. Wir werden nicht zulassen, dass der Teufel diese Kirche entweiht. Und daher werden wir unbeirrt weiterbauen, um dem Bösen die Stärke des Herrn zu beweisen." Er blickte Arnold scharf an. „Der Erzbischof duldet keine weiteren Unterbrechungen des Baus."

„Bei allem Respekt: Erzbischof Siegfried von Westerburg hat nicht mehr die Macht, die er vielleicht gerne hätte", widersprach Arnold kühn.

Dem Vikar schoss die Zornesröte ins Gesicht. „Vorsicht, Meister Arnold", giftete er. „Hüte deine Zunge. Du, und nur du allein, bist verantwortlich dafür, dass der Teufel deine Arbeiter nicht länger verwirrt!"

„Ja, das ist richtig. Aber diese Verantwortung trage ich nicht gegenüber dem Erzbischof, sondern gegenüber dem Rat der Stadt Köln."

„Ich fürchte, du wirst deinen Hochmut noch bereuen", zischte der Vikar. Dann wandte er sich zur Kathedrale, bekreuzigte sich und rief mit lauter Stimme: „Apage, Satana!" Er ließ die Worte verhallen und verschwand grußlos mit seinem Gefolge.

„Was hat er da gerade gesagt?", wollte Klara wissen.

„Das stammt aus dem Evangelium des Matthäus und bedeutet *Weiche, Satan*", erklärte der Vater, bevor er seine Arbeiter anwies: „Geht endlich nach Hause. Nur du, Wolfgang, warte bitte noch."

Als die Männer fort waren, bat Arnold seinen Vorarbeiter: „Komm heute zu mir ins Haus, und sei mein Gast beim Abendessen. Bring noch Gottfried, Konrad und Radolf mit, das sind alles besonnene Männer. Wir müssen etwas besprechen."

Wolfgang nickte und ging dann ebenfalls. Nun endlich hatten die Kinder Zeit, dem Vater die Frage zu stellen, die sie schon so lange beschäftigte: Wie war sein Zirkel auf das Gerüst gekommen?

Arnold zog verblüfft die Schultern hoch. „Das kann ich mir nicht erklären! Ich habe erst heute Mittag bemerkt, dass der Zirkel weg war. Und ihr wisst ja, dass es nicht irgendein Zirkel ist. Ich dachte, dass ich den Zirkel vielleicht morgens auf dem Weg zur Arbeit verloren hätte, und machte mich deshalb am Nachmittag auf die Suche. Als ich zur Baustelle zurückkehrte, war hier schon die Hölle los."

„Im wahrsten Sinne des Wortes", stimmte ihm Johannes zu. „Kann es denn nicht sein, dass dir jemand den Zirkel gestohlen hat?"

„Gestohlen? Aber er trägt meine Initialen. Man kann den Zirkel leicht wiedererkennen", warf der Baumeister zweifelnd ein.

Johannes ließ es dabei bewenden. Er hatte einen bestimmten Verdacht. Aber der war so ungeheuerlich, dass er erst einmal Beweise sammeln wollte.

„Äh, ich denke, wir sollten noch einen Laib Brot kaufen gehen. Mutter ist sicher nicht auf den Besuch von Wolfgang und den anderen eingerichtet", sagte er stattdessen. Klara sah ihn überrascht an – da stimmte etwas nicht. Sonst riss sich Johannes doch auch nicht um solche Erledigungen.

„Na gut, geht schnell zum Bäcker, und seht dann zu, dass ihr nach Hause kommt", stimmte der Vater zerstreut zu.

„Was hast du vor?", wollte Klara wissen, sobald Arnold außer Hörweite war.

„Ich glaube, dass jemand den Zirkel absichtlich an den Tatort gelegt hat. Der Verdacht sollte auf Vater fallen, verstehst du?"

Klara sah ihn mit großen Augen an. „Aber warum sollte jemand das wollen?"

„Das wüsste ich auch zu gern", gab ihr Bruder zu. „Daher will ich noch mal in das Haus zurück. Der Täter muss uns dort beobachtet haben, als wir die Tiere entdeckt haben. Bestimmt wohnt er darin. Ich will wissen, wer sich dort versteckt!"

„Und deshalb hast du die Sache mit dem Brot erfunden", sagte Klara grinsend. „Nicht schlecht! Auf geht's!"

Kurze Zeit später erreichten die beiden erneut das düstere Gebäude. Nachdem sie sich vergewissert hatten, dass niemand sie beobachtete, betraten sie leise das Haus. Mondlicht fiel in den ungemütlichen Raum mit dem Hackklotz. Seit ihrem letzten Besuch schien sich nichts verändert zu haben. Klara deutete auf die gegenüberliegende Tür. Mit klopfenden Herzen schlichen sie heran. Johannes drückte den Griff hinunter. Die Tür war verschlossen. Die Geschwister sahen sich an. Was mochte sich hinter der Tür verbergen – etwa das Geheimnis der blutenden Steine?

„Lass uns einmal um das Haus herumgehen", schlug Johannes flüsternd vor. „Vielleicht finden wir ein Fenster, durch das wir in diesen Raum gelangen können!"

Ein Geräusch ließ die Kinder zusammenfahren. Draußen näherte sich jemand pfeifend dem Haus. Schnell lief Johannes zur Haustür und spähte hinaus. Ein Mann kam direkt auf das Gebäude zu. In der Dunkelheit war es unmöglich, sein Gesicht zu erkennen.

„Versteck dich!", rief Johannes seiner Schwester leise zu. Klara krabbelte hinter die alte Truhe und machte sich so klein wie möglich. Hektisch sah sich Johannes um – wo konnte er sich verkriechen? Es gab nur eine Möglichkeit. Mit einem weiten Satz sprang er zu seiner Schwester hinüber und quetschte sich neben sie hinter die Truhe. Schwere Schritte polterten über die Holzbohlen. Der Mann hatte das Haus betreten. Vorsichtig lugte Klara aus ihrem Versteck hervor. Sie sah einen Schemen, der sich am Boden an

einer der Bohlen zu schaffen machte. Zu dumm, dass ihr die Gestalt den Rücken zudrehte! Jetzt ertönte ein Knarzen. Die Bohle wurde hochgehoben. Der Mann stand auf, und Klara duckte sich wieder. Sie hörten, wie ein Schlüssel ins Schloss gesteckt wurde und sich quietschend drehte. Die geheimnisvolle Tür schwang auf und fiel hinter dem Mann wieder zu.

„Was jetzt?", wisperte Klara.

„Abwarten", antwortete Johannes.

Fünf Minuten später tauchte der Mann wieder auf und verschloss die Tür sorgfältig. Dann wurde die Bohle erneut hochgehoben. Anschließend verließ die Gestalt das Haus.

„Jetzt oder nie!", rief Klara und sprang aus dem

engen Versteck. Rasch sahen sie unter der Bohle nach und fanden einen Bund mit Schlüsseln. Johannes sah genauer hin. Einer der Schlüssel kam ihm bekannt vor. Aber das spielte jetzt keine Rolle – Hauptsache, sie konnten die Tür öffnen! Nach einigen Versuchen erwischte er den richtigen Schlüssel. Sie betraten einen spärlich möblierten Raum. Ein Bett und ein Tisch, mehr nicht. Aber was war das? In einer Ecke des Zimmers lagen Pergamentfetzen. Klara sammelte sie ein und ging zum Fenster, durch das etwas Mondlicht einfiel.

Johannes untersuchte unterdessen das Bett. Eine Decke und ein Kissen lagen darauf. Nicht gerade aufregend, fand Johannes. Er war enttäuscht, hatte er sich doch viel mehr von diesem Zimmer versprochen. Aber hier würden sie keine Hinweise finden. Er blickte zu seiner Schwester hinüber. Klara hatte die Schnipsel auf dem Boden ausgebreitet und schob sie hin und her.

In diesem Augenblick entfuhr ihr ein unterdrückter Schrei. Eifrig winkte sie ihren Bruder heran und deutete auf die Pergamentfetzen. „Was sagst du jetzt?"

Was steht auf dem Pergament?

Der geheimnisvolle Schlüssel

Johannes starrte seine Schwester entgeistert an. „Für Ida? Ist dieses Gedicht etwa an Mutter gerichtet?"

„Vielleicht hat die Angebetete des Mannes auch nur denselben Namen", meinte Klara nicht sehr überzeugt.

„Das wäre aber wirklich ein Zufall", murmelte Johannes verstört. Was ging hier vor? Erst die Sache mit dem Zirkel – eine Spur, die zu ihrem Vater führte. Und jetzt dieses seltsame Liebesgedicht mit dem Hinweis auf ihre Mutter. Klara riss ihn aus seinen Gedanken. „Ich vermute, dass Mutter einen Verehrer hat, der glühende Liebesgedichte für sie schreibt."

„Mutter und ein Verehrer? Niemals! Das würde sie nicht zulassen!", widersprach ihr Johannes. Nein, dazu kannte er seine Mutter viel zu gut. Sie war eine stolze und kluge Frau, die zu ihrem Mann stand. Nie würde sie sich von solch lächerlichen Versen beeindrucken lassen. Aber die Frage blieb im Raum: Was hatte dieses Gedicht zu bedeuten, und woher kannte der Täter die Mutter? Das alles ergab keinen Sinn, jedenfalls noch nicht. Der Junge beschloss, sich auf die wenigen Fakten zu konzentrieren, die sie hatten. Der Anschlag auf den Obergaden hatte etwas mit ihren Eltern zu tun, das lag auf der Hand. Nur was? Und dann war da noch der Schlüssel, den sie unter den Bohlen gefunden hatten. Johannes betrachtete ihn noch einmal genauer. Aber in dem Zimmer war es zu dunkel. Entschlossen schob er den Schlüsselbund in den Lederbeutel, den er an seinem Gürtel trug.

„Lass uns jetzt das Brot kaufen und nach Hause gehen", schlug er vor. „Sonst machen sich die Eltern noch Sorgen."

Klara sprang sofort auf. „Gern. Ich bin froh, wenn ich hier herauskomme. Wer weiß, ob der unheimliche Kerl mit der poetischen Ader nicht gleich wieder zurückkehrt."

„Da seid ihr ja endlich", begrüßte sie eine Viertelstunde später ihre Mutter in der Küche. Die Hausherrin trug ein eng anliegendes blaues Mieder, das in einen langen Rock überging, darunter ein weißes Leinenhemd und auf dem Kopf eine elegante Haube.

„Klara, du musst mir gleich in der Küche zur Hand gehen", sagte Ida. „Wir bekommen ja heute noch überraschend Besuch."

Arnold, der mit einem Becher Bier in der Tür zur Stube stand, hob entschuldigend die Schultern. „Tut mir leid, dass es so kurzfristig war, aber es gibt nun einmal etwas Wichtiges zu besprechen, Ida."

„Ja, sicher. Aber ich habe die Arbeit damit", erwiderte seine Frau leicht verstimmt. „Also steh nicht herum, sondern geh in den Keller, Wein und Bier holen. Und du, Johannes, stell das Brot auf die Anrichte. Danach kannst du schon mal den Tisch decken. Vater sagt, dass wir vier Gäste erwarten."

Der Junge gehorchte. Als Erstes legte er über den langen Holztisch ein sauberes, weißes Tuch. Dann rückte er ausreichend Stühle heran. Dabei achtete Johannes darauf, dass der Platz des Hausherrn genau in der Mitte war.

Sollten sie die Eltern einweihen?, fragte Johannes sich, während er hölzerne Suppenteller, Becher und rechteckige Zinntabletts zum Schneiden der Speisen auf den Tisch stellte. Nein, entschied er. Bisher hatten Klara und er lediglich vage Vermutungen. Und die Sache mit dem Liebesgedicht würde nur für viel Ärger und Misstrauen sorgen. Sie brauchten noch mehr handfeste Beweise. Als Nächstes musste er auf eine günstige Gelegenheit warten, um seinen Plan mit dem Schlüssel in die Tat umzusetzen ... Gedankenverloren legte Johannes die Löffel neben die kleinen Tabletts – mit der Höhlung nach unten, wie es Brauch war, damit sich der Teufel nicht in die Löffel setzen konnte. Ihre Messer brachten die Gäste selbst mit. Johannes machte ein paar Schritte zurück und betrachtete zufrieden sein Werk.

Unterdessen half Klara der Mutter in der Küche. Sie stand am steinernen Kamin und drehte den Spieß, auf dem sechs Hühnchen steckten, über dem offenen Feuer.

„Ausgerechnet Huhn gibt es heute", dachte das Mädchen. Nach diesem Tag hatte Klara wirklich genug von Geflügel.

„Was ziehst du denn für ein Gesicht?", fragte Ida lachend. Sie schleppte einen großen Topf heran, in dem Rüben und Lauch in einer mit Rosmarin und Salbei verfeinerten Brühe schwammen.

„Ich habe keinen Hunger", antwortete Klara.

Ihre Mutter hängte den Topf mit dem Sagehal über dem Feuer auf.

„Warte nur ab, bis die Hühnchen fertig sind", sagte Ida. „Dann wirst du auch Appetit bekommen. Heute gibt es griechisches Huhn."

„Wie bitte?"

Ida lächelte sie verschwörerisch an. „Das ist ein neues Rezept. Ich habe es erst heute Morgen auf dem Markt von der Frau des Bürgermeisters verraten bekommen. Man verfeinert die Hühnchen mit Ingwer, Honig, Weißwein, Salz, Pfeffer und Rosenblättern."

„Rosenblätter? Kann man die essen?", fragte Klara misstrauisch.

„Nein, sie dienen der Dekoration. Denn das Auge isst ja schließlich auch mit."

„Ach so", sagte Klara. Sie trocknete sich die Stirn. Am Feuer war es unerträglich heiß. Rosen – ein Symbol der Liebe. Schlagartig fiel ihr das ominöse Liebesgedicht ein.

„Hast du eigentlich schon einmal ein Gedicht bekommen?", fragte sie ihre Mutter unschuldig.

Ida stutzte. „Ein Gedicht? Wie kommst du denn darauf?" Ohne Klaras Antwort abzuwarten, fuhr sie fort: „Nein, ich glaube nicht. Euer Vater ist nun wirklich alles andere als ein Dichter."

„Also hat dir noch nie jemand ein Gedicht geschrieben?"

Ida sah ihre Tochter scharf an. „Du stellst heute reichlich seltsame Fragen. Was hast du nur auf einmal mit Gedichten?"

Klara war plötzlich noch heißer. Aber das lag nicht nur am Feuer.

„Nichts. Es interessiert mich eben. Hast du nun schon mal eines bekommen oder nicht?", fragte sie dennoch.

Die Mutter nahm ein scharfes Messer und begann, einen Bund Petersilie klein zu hacken. „Nein, habe ich nicht. Und jetzt ist Schluss mit dem Unsinn. Pass lieber auf, dass die Hühnchen nicht zu braun werden!"

Eine gute Stunde später saßen alle beim Essen. Die Gäste hatten bei Arnold und Ida an der langen Tafel Platz genommen, die Kinder etwas abseits an einem kleinen Tisch.

„Was ist denn das?", wollte Johannes wissen und deutete mit dem Messer auf ein Rosenblatt. „Soll ich das etwa essen?"

„Quatsch, das dient der Dekoration. Ist doch klar, oder?"

„Wieso soll das klar sein? Was auf den Teller kommt, soll man auch essen, dachte ich."

„Ich glaube, du hast keine Ahnung von der hohen Kochkunst", meinte Klara und grinste breit. „Das ist Hühnchen nach griechischer Art."

„Nach griechischer Art?", spottete ihr Bruder. „Schmeckt aber wie ein ganz normales Kölner Huhn, wenn du mich fragst. Vielleicht sollte ich das Rosenzeug doch mitessen."

Klara verdrehte die Augen. „Lass das bloß nicht Mutter hören, du Einfaltspinsel!"

„Werd nicht frech", drohte Johannes ihr.

Jetzt erhob sich am Nachbartisch Arnold und brachte einen Trinkspruch auf ihre Zunft und den Dom aus.

„Ich habe euch heute Abend hergebeten, um eine Übereinkunft zu treffen", verkündete der Baumeister anschließend. Alle Augen waren auf ihn gerichtet.

„Der Vorfall heute auf der Baustelle hat einigen Handwerkern gehörig die Sinne verwirrt. Und es wird unsere Aufgabe sein, dafür zu sorgen, dass die Arbeiten ohne weitere Störungen weitergehen. Ihr alle seid besonnene Männer, denen man so schnell nichts vormachen kann und deren Wort auf der Baustelle viel gilt. Wir müssen mit gutem Beispiel vorangehen und dürfen uns nicht verrückt machen lassen, ganz gleich, was noch passieren mag."

„Wie meint er das?", durchfuhr es Johannes. Rechnete der Vater etwa mit weiteren Anschlägen dieser Art?

„Wir sollten den anderen ein Vorbild sein", fuhr der Vater, an seine Männer gerichtet, fort. „Wir müssen unsere Arbeit tun, im festen Glauben an Gott, und standhaft bleiben, wenn es darum geht, dem Aberglauben zu trotzen. Unsere Übereinkunft soll es daher sein, dass wir jeden faulen Zauber auf der Baustelle unterbinden und für Ruhe und Ordnung sorgen. Denn sonst werden wir unseren Zeitplan auf der Baustelle niemals einhalten können."

„Gut gesprochen, Meister Arnold!", rief Wolfgang. „Ich werde Meinhard im Auge behalten. Er scheint mir besonders anfällig zu sein für diesen Hokuspokus."

„Nun ja, so einfach liegt der Fall meiner Meinung nach nicht", warf ein anderer Steinmetz ein.

„Eine überzeugende Erklärung für die blutenden Steine haben wir schließlich auch nicht gefunden."

Arnold nickte. „Das stimmt. Aber es gibt auch keinen Beweis dafür, dass es sich um ein Werk des Teufels handelt."

Wolfgang ließ die Faust auf den Tisch krachen. „So ist es! Bestimmt hat sich jemand nur einen bösen Scherz erlaubt. Aber uns kann man nicht so schnell an der Nase herumführen. Wir bauen weiter. Sonst hat dieser Gregorius nur wieder etwas zu meckern. Habt ihr gemerkt, wie er uns unter Druck setzen wollte?"

„Ja – dabei hat der Erzbischof nicht mehr viel zu sagen!", stimmte Arnold zu. „Uns macht auf der Baustelle niemand Vorschriften. Niemand außer unserer Zunft!"

Darauf erhoben alle ihre Becher.

Und dies war nicht der letzte Umtrunk an diesem Abend. Noch mehrmals musste Johannes in den Keller laufen und Krüge mit Wein und Bier heraufholen. Erst gegen Mitternacht verließ schließlich auch Wolfgang leicht schwankend das Haus des Dombaumeisters. Erleichtert legte Arnold einen Arm um seine Frau und säuselte: „Also, Ida, diese Hühnchen mit den Rosenblättern waren wirklich besonders fein."

„Sieh zu, dass du ins Bett kommst", riet sie ihm nüchtern. „Morgen erwartet dich ein harter Tag."

Eine halbe Stunde später schlich sich Johannes ins Schlafgemach der Eltern. Angespannt lauschte er auf die ruhigen Atemzüge Arnolds und Idas. Seine Eltern schliefen fest. Auf Zehenspitzen pirschte Johannes zu einem Stuhl, über dem die Kleidung des Vaters hing. Vorsichtig löste er den Schlüsselbund vom Gürtel und tastete sich zurück in die Kammer, die er sich mit seiner Schwester teilte. Klara erwartete ihn bereits ungeduldig. Das Licht einer Kerze fiel auf ihr schmales Gesicht mit den braunen, wachsamen Augen.

„Jetzt sag mir endlich, was du vorhast", verlangte sie.

„Psst, warte einen Moment", entgegnete Johannes aufgeregt. Dann zog er den Schlüsselbund, den sie in dem Haus gefunden hatten, heraus und legte ihn neben den des Vaters.

„Ich hab's doch gewusst", jubelte Johannes plötzlich.

„Würdest du so nett sein, mich endlich einzuweihen?"

„Aber gern!"

 Was hat Johannes entdeckt?

Unter Verdacht

Bei Tagesanbruch erzählten die Kinder Arnold sofort von ihrer Entdeckung.

„Wir wissen, wie dein Zirkel abhanden kam!", rief Johannes und hielt ihm die Schlüsselbunde unter die Nase.

„Wie, was?", fragte der Dombaumeister schlaftrunken.

Johannes berichtete ihm von ihrem Erlebnis am Vorabend und den Schlüsseln, die sie in dem Haus gefunden hatten. „Der Dieb hat den Schlüssel zur Dombauhütte nachgemacht, ist dort eingedrungen und hat den Zirkel gestohlen", fasste er zusammen. Das Gedicht an Ida erwähnte er lieber nicht.

Arnold richtete sich kerzengerade im Bett auf. „Warum habt ihr mir das nicht gleich erzählt?" Rasch schlug er die Decke zur Seite. „Nun, wie dem auch sei, jedenfalls werden wir diesen Kerl festnehmen lassen. Wir werden sein Haus auf den Kopf stellen. Irgendwo muss der Mann doch stecken. Aber vorher muss ich noch kurz zur Baustelle, um mit Wolfgang zu sprechen. Er wird mich vertreten, bis die Sache mit dem Dieb geklärt ist."

„Dürfen wir mit?", fragte Johannes.

„Eigentlich ist das nichts für Kinder. Aber meinetwegen; schließlich seid ihr dem Täter auf die Spur gekommen ..."

Als die drei am Dom eintrafen, ging gerade die Sonne auf. Hunderte von Handwerkern hatten sich bereits auf der Baustelle eingefunden. Winrich schob sich durch die Scharen hindurch und bot warme, süße Brötchen an.

Arnold traf Wolfgang an der Dombauhütte und informierte ihn mit wenigen Worten. Die Kinder sahen, wie die Wangen des Vorarbeiters plötzlich rot vor Wut wurden.

„Ein Dieb auf unserer Baustelle? Dem werden wir es zeigen!", brüllte Wolfgang. Dann dämpfte er seine Stimme. „Aber sage mir, Meister Arnold, warum behielt der Dieb den Zirkel nicht, sondern ließ ihn am Tatort zurück?"

„Ich weiß es auch nicht", erwiderte Arnold. „Womöglich will er –"

Ein Splittern ließ sie zusammenfahren.

„Da, das Gerüst!", schrie Klara. Das Splittern ging in ein Krachen über. Wie in Zeitlupe fiel das Gerüst an den Arkaden in sich zusammen und begrub einige Arbeiter unter sich. Schmerzensschreie gellten über die Baustelle. Arnold, Wolfgang und die Kinder rannten zur Unglücksstelle, andere folgten ihnen. Mit vereinten Kräften wurden die Verletzten geborgen.

„Holt einen Arzt, schnell!", rief jemand. Zum Glück schien niemand getötet worden zu sein. Aber vier Arbeiter hatten sich Verletzungen zugezogen. Behutsam trug man die Verwundeten zur Dombauhütte.

„Wie konnte das nur passieren?", stammelte Arnold fassungslos.

„Das will ich dir sagen, Meister Arnold!", ließ sich in diesem Moment die schrille Stimme von Meinhard, dem Maurer, vernehmen. Mit zitternder Hand deutete er auf einen der Pfeiler der Arkaden.

„Oh, mein Gott", entfuhr es dem Dombaumeister. Deutlich war der Abdruck einer rechten Hand auf dem Stein zu erkennen. Und daneben prangte in blutroten Buchstaben das Wort *Satan*.

„Der Teufel ist unter uns, ich habe es doch gewusst!", keifte Meinhard. Unter den Männern drohte ein Aufruhr auszubrechen. Alles schrie durcheinander. Vergebens versuchte Arnold, die Menge zu beruhigen.

Klara zupfte Johannes am Ärmel und deutete auf den fliegenden Händler, der eine der geborstenen Streben des Gerüsts untersuchte. „Guck mal, sieht so aus, als hätte Winrich etwas entdeckt!" Rasch liefen die Kinder zu ihm hinüber.

„Ich bin vielleicht kein Handwerker", meinte Winrich, während er Staub und Dreck von der hölzernen Strebe wischte. „Aber selbst ich erkenne, dass an dieser Stelle gesägt wurde." Jetzt sahen auch die Kinder die eindeutigen Spuren.

„Von wegen Teufelswerk!", rief Klara. „Das Gerüst wurde angesägt und brach deshalb zusammen, als die Arbeiter hinaufstiegen! Wir müssen es Vater sagen. Schnell!"

„Langsam, mein Kind", bremste Winrich sie. „Ich habe noch etwas entdeckt. Leider." Er zog unter seinen Lumpen eine dünne, grob gewebte Jacke hervor.

„Das lag hier unter den Trümmern", erklärte er.

„Na und?"

„Die Jacke trägt die Initialen eures Vaters", wisperte Winrich, während er die schmutzige Jacke wieder verschwinden ließ.

Johannes schloss für einen Moment die Augen. „Was geht hier nur vor?", fragte er.

„Ich habe einen bösen Verdacht", sagte Winrich. „Es soll wohl so aussehen, als ob euer Vater das Gerüst angesägt hätte. Wenn seine Jacke hier gefunden worden wäre, hätte jeder vermutet, dass Arnold beim Sägen ins Schwitzen geraten ist, die Jacke ablegte und dann vergaß. Oder vielleicht will uns der wahre

Täter auch glauben machen, dass euer Vater gestört wurde, Hals über Kopf floh und die Jacke deshalb liegen ließ."

„Das ist ja entsetzlich", meinte Klara tonlos. „Vater hat nichts mit dem feigen Anschlag zu tun! Hinter diesem gemeinen Plan kann nur der Kerl von gestern stecken! Vater wollte den Mann heute Morgen festnehmen lassen. Das wird jetzt auch wirklich höchste Zeit!" Entschlossen stapfte sie auf den Dombaumeister und die aufgeregten Arbeiter zu. Winrich wollte ihr hinterhereilen, aber Johannes hielt ihn zurück.

„Du darfst niemandem etwas von der Jacke sagen", bat er den Buckligen. „Kann ich mich auf dich verlassen?"

Winrich strich dem Jungen über den Kopf. „Natürlich, ich bin verschwiegen wie ein Grab. Du hast mir gestern schließlich auch geholfen!"

Nur mühsam konnten sich die Kinder und Winrich bei den aufgeregten Arbeitern Gehör verschaffen und von dem angesägten Gerüst berichten. Doch als alle die deutlichen Spuren der Säge gesehen hatten, wich die Furcht aus den Gesichtern, und Erleichterung machte sich breit. Also steckte doch ein Mensch hinter dem Unfall. Der Einzige, der sich nicht umstimmen ließ, war Meinhard.

„Die Zeichen sind eindeutig, aber ihr weigert euch, sie zu sehen", beharrte er mit vor der Brust verschränkten Armen. „Diese Baustelle ist und bleibt verflucht."

„Hätte es der Teufel nötig, ein Gerüst anzusägen?", fragte Arnold und sah Meinhard provozierend an. Als dieser schwieg, rief der Baumeister: „Und nun lasst uns dem Spuk ein Ende bereiten und den wahren Täter festnehmen. Folgt mir!"

Mit einem guten Dutzend Männern liefen Arnold und die Kinder zum Haus des Verdächtigen. Diesmal wurde in allen Ecken nachgeschaut. Aber erneut fand sich keine Spur von dem Mann, den Klara und Johannes gesehen hatten. Als sie schließlich enttäuscht wieder in der Gasse standen, entdeckte Arnold einen kleinen, runden Mann, der seine Nase neugierig aus der Tür des Nachbarhauses streckte.

„He, du!", rief der Baumeister. „Wir möchten dich etwas fragen."

Widerstrebend trat der Mann aus dem Haus. Er trug ein zerschlissenes Hemd und eine fleckige Schürze, an der er unablässig seine schmutzigen Hände abwischte. Aus den Taschen seiner Schürze ragten eine Zange und ein Hammer hervor. Der Mann war ein Schmied.

„Ah, der Dombaumeister zu Köln", begrüßte er Arnold mit einer übertriebenen Verbeugung. „Was führt Euch in diese finstere Gasse?"

Arnolds Augen wurden schmal. „Das Fragen überlass mir. Hast du hier deine Werkstatt?"

„Aber ja doch."

„Gut. Da siehst du doch bestimmt auch, wer sich hier so alles herumtreibt."

„Meistens schon, ja."

„Dann dürfte dir nicht entgehen, wenn hier jemand aus- und eingeht, oder?" Arnold zeigte auf das Haus, das sie gerade durchsucht hatten.

Der Schmied legte den Kopf schief.

„Möglich." Seine Hände wischten wieder über die Schürze. Der Dombaumeister wurde ungeduldig.

„Und wen hast du hier gesehen?", setzte er das Verhör fort. „Wer wohnt in dieser Bruchbude?"

„Wieso?" Der Schmied machte einen Schritt zurück, als wolle er am liebsten in seiner Werkstatt verschwinden.

„Rede gefälligst!", platzte es aus Arnold heraus. „Hier geht es um die Aufklärung eines Verbrechens!"

„Ein Verbrechen? Das klingt ja spannend!"

„Wenn du nicht gleich redest, wird es für dich spannend – und zwar im Kerker!"

„Schon gut", sagte der Schmied schnell und hob beschwichtigend die Hände. „Irgendein Kerl haust dort manchmal. Ich kenne ihn nicht, habe ihn nur ein- oder zweimal gesehen. Und ob er heute Nacht in dem Haus war, kann ich Euch wirklich nicht sagen."

„Und du weißt nicht zufällig, wie dieser Kerl heißt?", setzte Arnold nach.

Der Schmied bedachte ihn mit einem seltsamen Blick, als würde ihn diese Frage überraschen.

„Keine Ahnung", erwiderte er vorsichtig. Seine Finger kneteten die Träger seiner Schürze. Er machte noch einen Schritt zurück. Unschlüssig sah Arnold erst die Kinder, dann die Arbeiter an.

„Ich könnte wetten, dass der Kerl lügt", flüsterte der Dombaumeister ihnen so leise zu, dass ihn der Schmied nicht hören konnte. „Leider fehlt mir die Handhabe, ihn zum Sprechen zu bringen."

„Du hast recht, Vater", sagte Klara und grinste. „Der Schmied weiß tatsächlich mehr, als er zugibt."

 *Wie kommt Klara darauf?*

Ein hartes Urteil

„Ja, die Kleine hat recht", jammerte der Schmied unterwürfig. „Ich habe gelogen. Bitte verzeiht mir!"

„Nur, wenn du uns auf der Stelle den Namen deines Nachbarn nennst", forderte der Dombaumeister mit drohendem Unterton.

„Ich kenne den Namen nicht, ich schwöre es! Das Haus ist unbewohnt, seit der letzte Besitzer vor einem Jahr starb und keine Erben hinterließ. Manchmal hausen ein paar Vagabunden darin – und seit ein paar Tagen geht dieser unheimliche Kerl dort ein und aus." Der Schmied wirkte plötzlich noch ängstlicher.

„Er taucht nur nachts auf und achtet darauf, dass man ihn nicht sieht", fuhr er mit weit aufgerissenen Augen fort. „Doch in der letzten Nacht lief er mir direkt in die Arme, als ich aus dem *Goldenen Krug* nach Hause kam. Der Mann trug eine Kapuze, sodass ich sein Gesicht kaum sehen konnte. Er schärfte mir ein, dass ich niemandem sagen sollte, dass ich ihn gesehen hätte, und gab mir Geld für mein Schweigen."

„Wie sah der Mann aus? Erinnere dich an jede Kleinigkeit!", forderte Arnold streng.

Der Schmied wand sich. Wieder warf er Arnold einen seltsamen Blick zu.

„Nun rede gefälligst!"

„Er war klein", wisperte der Schmied. „Außerdem ziemlich dünn. Und er hatte eine auffallend spitze Nase." Plötzlich richtete er sich entschlossen auf, deutete auf den Dombaumeister und sagte mit bebender Stimme: „Der Mann sah so aus wie Ihr, Meister Arnold!"

Alle standen wie vom Donner gerührt. Niemand wagte, ein Wort zu sagen. Langsam richteten sich alle Blicke auf den Dombaumeister, der unwillkürlich einen Schritt zurücktrat. Klara wurde plötzlich schwindelig. Es war, als zöge man ihr den Boden unter den Füßen weg.

„Das ist doch lächerlich!", rief Arnold verzweifelt. „Der Mann lügt doch, sobald er den Mund aufmacht."

Niemand antwortete. Das Schweigen wurde bedrückend.

Johannes' Gedanken rasten – was ging hier vor? Erst die Sache mit dem Zirkel, dann der seltsame Brief an die Mutter, schließlich Vaters Jacke am angesägten Gerüst und nun die belastende Aussage des Schmieds, mochte er auch ein Lügner sein; irgendjemand schien es auf ihre Familie abgesehen zu haben.

„Lasst uns im Zunfthaus zusammenkommen und über das weitere Vorgehen beraten", schlug Wolfgang schließlich vor.

„Das weitere Vorgehen – wie meinst du das?", wollte Arnold wissen.

„Nun, ich denke, dass etwas geschehen muss. So geht es jedenfalls nicht weiter", erwiderte Wolfgang kühl. Zustimmendes Gemurmel erhob sich.

Arnold straffte die Schultern und reckte das Kinn vor. „Nun gut. Zum Zunfthaus also." Er wandte sich an die Kinder. „Und ihr lauft sofort in die Schule. Ihr kommt ohnehin zu spät."

Der Unterricht in der Schreib- und Rechenschule zog sich an diesem Tag endlos. Weder Johannes noch Klara, die zu den wenigen Mädchen in der Stadt gehörte, die eine Schule besuchen durften, waren bei der Sache. Die Geschwister sehnten den Nachmittag herbei.

Während des Rechenunterrichts grübelte Johannes über die Zunft nach, wo vermutlich gerade über das Schicksal seines Vaters befunden wurde. Konnte Arnold wegen der Anschuldigungen des Schmieds aus der Zunft ausgeschlossen oder in den Kerker geworfen werden?, überlegte Johannes. Die Zunft hatte viel Macht, das wusste er. Würden ihre Mitglieder an Arnolds Unschuld glauben?

Johannes versuchte, sich zu beruhigen. Schließlich waren viele gestandene, erfahrene Männer in der Zunft – Menschen wie sein Vater ... Sie würden schon zu einem gerechten Ergebnis kommen. Doch die Zweifel blieben – leise, nagende Zweifel. Denn wenn dem so wäre, warum war die Zunft dann überhaupt zusammengekommen? Nein, ahnte Johannes, das konnte eigentlich nichts Gutes bedeuten.

Dass ihn sein Gefühl nicht getrogen hatte, wusste Johannes spätestens, als er nach Schulschluss mit Klara auf der Baustelle nach seinem Vater suchte. Arnold war nicht da. Wolfgang wollte ihnen nicht erzählen, was im Zunfthaus entschieden worden war. Am besten sollten sie nach Hause gehen, riet er ihnen. So schnell sie konnten, rannten die Geschwister heim.

Sie fanden ihre Eltern in der Küche. Arnold hockte am Tisch wie ein gebrochener Mann. Er wirkte alt und erschöpft.

„Man hat mich meines Amtes enthoben", sagte er müde, als er die fragenden Gesichter seiner Kinder sah. „Ich bin nicht mehr länger der Dombaumeister von Köln."

„Aber das ist ungerecht!", rief Klara wütend. „Du hast doch gar nichts verbrochen!"

Arnold schüttelte müde den Kopf. „Nein, aber ich kann es nicht beweisen. Im Zunfthaus wurde mächtig Stimmung gegen mich gemacht. Zwar sollte ich ein freier Mann bleiben, weil der Verdacht gegen mich für eine Verhaftung nicht ausreiche und der Schmied nicht glaubwürdig sei. Aber viele Männer wie Meinhard wollen nicht mehr unter meiner Leitung arbeiten. Sie sagen, dass es unter meinen Vorgängern derartige Vorfälle nicht gegeben habe. Also müsse es ja irgendetwas mit mir zu tun haben."

Arnold seufzte. Dann ergänzte er: „Richerzeche und Kirche wollen jede Verzögerung des Baus vermeiden. Darin sind sie sich ausnahmsweise einmal einig. Einen umstrittenen Baumeister, der womöglich sogar mit dem Teufel im Bunde ist, können sie sich nicht leisten. Also hat man mich entlassen und erst einmal Wolfgang mit meiner Aufgabe betraut. So lange, bis ein neuer Dombaumeister gefunden wird."

Klara konnte sich nicht beruhigen. „Das ist eine Gemeinheit!", rief sie wütend. „Das ist, das ist –" Sie brach den Satz ab, weil sie spürte, wie Tränen in ihr aufstiegen. Rasch starrte sie aus dem Fenster. Niemand sollte sie weinen sehen. Eine Hand legte sich auf ihre Schulter, und Klara drehte sich um. Ihre Mutter stand hinter ihr.

„Wie soll es jetzt nur weitergehen?", fragte Klara verzweifelt.

„Wir werden das alles überstehen, wenn wir nicht den Kopf verlieren", antwortete Ida ruhig.

Klara nickte nachdenklich. „Wenn wir doch nur

wüssten, wer hinter dem Ganzen steckt", sagte sie leise.

„Es muss auf jeden Fall jemand sein, der Vater ähnlich sieht", stellte Johannes fest. Arnold stand vom Tisch auf und schenkte sich einen Becher Wasser ein.

„Darüber grüble ich schon seit heute Morgen nach. Mir fallen nur zwei Menschen ein, die infrage kommen", sagte er. „Meine Brüder Roland und Lambert. Beide sehen mir sehr ähnlich."

„Meinst du, dass sie etwas mit der Sache zu tun haben?"

„Eigentlich kann ich mir das nicht vorstellen", erwiderte Arnold. „Obwohl wir uns öfter in den Haaren hatten."

Johannes und Klara sahen sich an. Es hatte Streit zwischen den Brüdern gegeben? Vielleicht hatten diese Auseinandersetzungen doch etwas mit den Anschlägen auf den Dom zu tun!

„Wo sind deine Brüder eigentlich?", wollte Klara wissen. „Du erzählst nie von ihnen."

Arnold kratzte sich am Hinterkopf. „Ich weiß es nicht. Wir haben uns vor einigen Jahren aus den Augen verloren – nach dem Streit damals in Frankreich."

„Erzähle uns davon", bat Johannes.

„Zu dieser Zeit waren wir noch Gesellen und arbeiteten gemeinsam als Steinmetzen in Reims. Dort haben wir mitgeholfen, die herrliche Kathedrale zu bauen. Roland hatte von uns dreien am meisten Kraft und Ausdauer. Lambert und ich beneideten ihn oft darum, wie wuchtig und genau er mit dem Zweispitz zuschlagen konnte. Aber Roland vermochte mit seinen Kräften nicht immer gut umzugehen. Oft war er in Raufereien verwickelt. Er war eben ein Hitzkopf und, ehrlich gesagt, nicht sehr klug. Er hat nie Schreiben und Lesen gelernt wie Lambert und ich. Auch Lambert war ein fähiger Steinmetz. Im Nachhinein würde ich sogar sagen, dass Lambert der Talentierteste von uns dreien war. Doch er neigte zur Faulheit."

„Was ist aus deinen Brüdern geworden?", fragte Johannes aufgeregt. Je länger er zuhörte, umso stärker hatte er das Gefühl, dass in dieser alten Geschichte der Schlüssel zur Lösung des Falls liegen könnte.

„Langsam, noch sind wir ja in Reims", mahnte der Vater seinen Sohn zu mehr Geduld. „Nun, eines Tages gerieten Roland, Lambert und ich mitten auf der Baustelle heftig aneinander. Ich weiß gar nicht mehr, worum es eigentlich ging. Jedenfalls lieferten wir uns eine zünftige Prügelei. Leider ging dabei ein Glasfenster der Kathedrale zu Bruch. Das gab natürlich gewaltigen Ärger."

Johannes nickte. Er wusste, wie wertvoll die kunstvollen Fenster waren.

„Welche Folgen hatte das für euch?", fragte er.

Arnold sah verlegen aus. Die Geschichte war ihm sichtlich peinlich.

„Nun, wie ihr wisst, werden solche Vorfälle innerhalb der Zunft geregelt. So war es auch diesmal. Wir mussten natürlich für den Schaden aufkommen. Darüber hinaus wurde entschieden, dass wir Brüder nicht mehr gemeinsam auf einer Baustelle arbeiten durften. Ich hatte das Glück, in Reims bleiben zu dürfen. Aber Roland und Lambert mussten die Stadt verlassen. Sie beugten sich dieser Entscheidung nur äußerst widerwillig, denn beide behaupteten, dass ich den Streit vom Zaun gebrochen hätte. Ich werde nie vergessen, wie sie mich ansahen – voller Hass und Neid. Tja, und seitdem habe ich weder von Roland noch von Lambert jemals wieder etwas gehört."

Ida seufzte. „Beide hätten also einen Grund, dir schaden zu wollen."

„Ja, das stimmt", pflichtete ihr Johannes bei. „Aber nur einer von den beiden kommt als Täter infrage!"

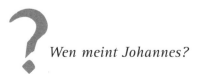
Wen meint Johannes?

# Anschlag auf die Heiligen Drei Könige

„Lambert?", fragte Arnold ungläubig. Er stand auf und lief im Raum auf und ab. „Nein – ich gebe zu, dass manches gegen ihn spricht, aber das kann ich mir nicht vorstellen. Warum sollte er einen solchen Aufwand betreiben, um mir zu schaden? Nur wegen des damaligen Streits? Das erscheint mir nicht sehr einleuchtend."

Klara warf Johannes einen langen, bedeutungsvollen Blick zu. Er wusste, was sie ihm damit sagen wollte.

„Es gibt vielleicht noch ein anderes Motiv für Lambert", sagte er zögerlich. Seine Eltern sahen ihn fragend an. Stockend erzählte Johannes von dem Liebesgedicht, das die Geschwister in dem verlassenen Haus gefunden hatten.

„Vielleicht will Lambert den Verdacht auf dich lenken, um Mutter für sich zu gewinnen", vermutete er zum Schluss.

„Wie bitte? Das ist doch unglaublich!", fuhr Arnold auf, als sein Sohn geendet hatte. „Ida, was weißt du davon?"

Seine Frau sah ihn entsetzt an. „Aber Arnold, du glaubst doch nicht im Ernst, dass ich von diesem – wie soll ich sagen – heimlichen Verehrer gewusst habe!"

„Ich weiß überhaupt nicht mehr, was ich noch glauben soll!", brüllte Arnold, außer sich vor Wut.

„Genau deshalb haben wir euch bisher von diesem dummen Gedicht nichts erzählt", ließ sich jetzt Klara vernehmen. „Wir wollten nicht, dass es Streit gibt. Vielleicht wollte Lambert genau das erreichen."

Ihre Worte brachten Arnold wieder zur Besinnung. Er nickte langsam.

„Tut mir leid", wandte er sich an seine Frau. „Es ist wohl etwas viel für mich – für uns alle."

Ida hob beschwichtigend die Hände. „Schon gut. Aber ich versichere dir, dass ich Lambert noch nie begegnet bin."

„Das mag ja sein", sagte Johannes. „Aber vielleicht hat er *dich* gesehen, irgendwo auf dem Markt oder sonst wo – und sich in dich verliebt."

Arnold ballte die Fäuste. „Gleichwie, ich werde diesen Mistkerl jetzt sofort suchen und zur Rede stellen! Er muss ja noch in der Stadt sein!" Schon schlüpfte er in die Jacke.

„Ich will mit!", rief Johannes.

„Ich auch", kam es von Klara.

„Kommt nicht infrage. Ihr bleibt hier. Das ist nichts für Kinder", lehnte ihr Vater ab. Mit diesen Worten stürmte er aus dem Haus.

Eine Stunde war vergangen, als plötzlich jemand wie von Sinnen an die Haustür schlug. Klara war als Erste zur Stelle und öffnete die Tür einen Spalt. Draußen erkannte sie Winrich.

„Lass mich rein!", bat der fliegende Händler. „Es ist etwas Schreckliches passiert!" Er zwängte sich an dem Mädchen vorbei in die Stube. Sein Gesicht war weiß, seine Lippen bebten.

„Wo ist Arnold?", fragte er, als er im Zimmer stand.

„Fort", erwiderte Ida. „Warum, was ist passiert?"

„Fort? Oh nein! Ich habe gebetet, dass er hier ist, bei euch!", jammerte Winrich.

„Nun sag schon: Was ist denn nur geschehen?", fragte Johannes ungeduldig.

Winrich ließ sich auf einen Stuhl fallen. Verzweifelt raufte er sich die Haare. „Ist Arnold alleine weggegangen?"

Die anderen nickten.

„Dann fürchte ich das Schlimmste", seufzte Winrich und bekreuzigte sich. „Auf die Heiligen Drei Könige wurde gerade ein Anschlag verübt. Wieder mit Blut und diesem grässlichen Handabdruck. Und Arnold ist allein in der Stadt unterwegs! Versteht ihr jetzt? Man wird erneut ihn verdächtigen!"

„Was?", rief Johannes entsetzt. „Ein Anschlag auf die Heiligen Drei Könige? Das müssen wir uns ansehen! Aber du, Winrich, hältst dich besser vom Dom fern. Wenn man dich dort sieht, gerätst du am Ende auch wieder unter Verdacht."

Ida und Klara folgten Johannes zur Baustelle. Immer wieder sahen sie sich um, in der Hoffnung, Arnold zu entdecken. Aber er war nirgends zu sehen.

Schon von draußen hörten sie aufgeregtes Stimmengewirr. In der Kapelle, in der der Dreikönigsschrein stand, drängten sich viele Männer. Johannes schob sich nach vorn. Dann stand er vor dem Schrein. Wie immer erfüllte Johannes bei dem Anblick dieses Meisterwerks der Goldschmiedekunst, das mit unzähligen Edelsteinen verziert war, eine tiefe Ehrfurcht. Aber dann sah er es – Blut lief über die goldene Vorderseite des Schreins. Und da waren auch wieder der Handabdruck und die Schrift, die verkünden sollte, dass hier Satan am Werk gewesen war.

Eine schrille Stimme riss ihn aus seiner Erstarrung.

„Ist das nicht der Sohn von Arnold?", geiferte Meinhard. Der Junge machte automatisch einen

Schritt zurück und wäre fast seiner Mutter und Klara auf die Füße getreten.

„Natürlich, das ist er!", schrie Meinhard. „Und seine ganze Sippe hat er auch gleich mitgebracht. Dass ihr euch überhaupt hierhertraut! Moment – wo steckt eigentlich Arnold?"

„Stimmt, wo ist der Kerl?" Die Männer schlossen sich zu einem bedrohlichen Kreis um die Familie. Entsetzt erkannte Johannes, dass auch Wolfgang und Gregorius unter den Männern waren, die offenbar Jagd auf seinen Vater machen wollten.

„Halt, so nicht!", rief Ida in diesem Augenblick. „Ihr habt kein Recht, so zu sprechen." Johannes und Klara bewunderten den Mut ihrer Mutter.

„Wagt es nicht, den Namen meines Mannes, des rechtmäßigen Dombaumeisters von Köln, in den Schmutz zu ziehen!", drohte Ida mit fester Stimme. „Er hat nichts Unrechtes getan!"

„So, hat er nicht?", zischte Meinhard mit einem triumphierenden Grinsen. „Und was ist das hier? Das haben wir auf dem Boden neben dem Schrein gefunden!" Er wedelte mit einem Stück Pergament.

„Halt den Mund, und gib das her!", verlangte Gregorius und riss dem Maurer das Pergament aus den Händen. Mit einer großen Geste rollte der Vikar das Schriftstück vor Ida und den Kindern aus.

„Nun, was ist das eurer Meinung nach?"

Johannes schloss die Augen. Er hatte sofort erkannt, worum es sich bei dem Pergament handelte. Es war eine Bauzeichnung, wie er sie von seinem Vater kannte.

„Solche Bauzeichnungen", erklärte der Vikar, „kann, wie ihr wisst, nur ein Fachmann anfertigen – zum Beispiel der Dombaumeister!" Gregorius grinste schief. Dann tippte sein rechter Zeigefinger auf mehrere Punkte des Bauplans.

„Hier seht ihr drei Kreuze. Eines am Obergaden, eines am Gerüst bei den Arkaden und eines am Schrein der Heiligen Drei Könige. Genau die drei Orte, an denen Anschläge stattfanden", sagte er triumphierend. „Aber das Beste ist hier am Rand zu sehen: Arnolds Initialen. Ich glaube, wir brauchen keine weiteren Beweise für Arnolds Schuld. Ob er mit dem Teufel im Bund ist, wird sich zeigen. Auf jeden Fall will er den Dom vernichten!" Er ließ das Pergament fallen, als könne er sich daran die Finger verbrennen.

„So ist es! Lasst uns Arnold aufspüren. Er gehört endlich in den Kerker!", hetzte Meinhard. Fassungslos musste die Familie mit ansehen, wie die Männer aus der Kathedrale stürmten.

Der Bauplan blieb im Staub zurück. Vorsichtig hob Klara ihn auf.

„Ich kann das alles nicht begreifen", sagte sie traurig. „Vater würde so etwas doch nie tun!"

„Vater hat mit der Sache auch nichts zu tun, da bin ich sicher. Aber jetzt müssen wir schnell versuchen, ihn zu warnen", meinte Johannes, wenngleich er ahnte, dass sie kaum eine Chance hatten, Arnold vor dem wütenden Mob aufzuspüren. Klara nickte zustimmend. Sie rollte die Bauzeichnung zusammen und lief zusammen mit Ida hinter Johannes her.

Ziellos liefen sie durch die Straßen der Stadt. Sie fragten alle möglichen Leute, ob sie den Dombaumeister gesehen hatten. Als sie schon fast aufgeben wollten, bekamen sie endlich einen Hinweis. Eine Bäuerin wollte Arnold im Martinsviertel gesehen haben. Kurz darauf erreichten sie das Gassengewirr am Rhein, über dem sich der gewaltige Vierungsturm der Martinskirche erhob. Am Platz vor der Kirche herrschte selbst jetzt am frühen Abend noch viel Gedränge.

„Da, da ist er!", rief Klara mit einem Mal und deutete nach vorn.

Jetzt sahen auch die anderen die schlanke Gestalt Arnolds. Er redete gerade eifrig auf einen gut gekleideten Bürger ein. Klara rannte auf ihren Vater zu, doch in diesem Moment hörte sie laute Schreie. Plötzlich ertönte ein knappes Kommando. Aus den Augenwinkeln sah das Mädchen, wie ein Trupp Männer ebenfalls auf Arnold zulief – es waren Meinhard, Gregorius und die anderen!

„Lauf, Vater!", gellte Klaras Schrei über den Platz.

Arnold fuhr herum, doch in diesem Moment wurde er auch schon von hinten gepackt. Meinhard drehte ihm mit wutverzerrtem Gesicht die Arme auf den Rücken.

„Lass ihn los!", brüllte Klara, als sie den Maurer erreichte. Ihre kleinen Fäuste trommelten auf Meinhards Arme, die sich wie ein Schraubstock um Arnold geschlossen hatten.

„Fort mit dir!", brüllte Meinhard. Irgendjemand zog das Mädchen beiseite. Auch Johannes und Ida wurden zurückgehalten. Dann wurde Arnold abgeführt.

„Wir werden für dich kämpfen", rief Ida ihrem Mann hinterher. In ihren Augen standen Tränen. Johannes musste schlucken.

„Oh ja, das werden wir", bekräftigte Ida entschlossen. „Ich werde jetzt sofort bei der Richerzeche vorsprechen. Aber ihr zwei müsst nach Hause. Wartet dort auf mich."

Die Geschwister gehorchten schweren Herzens. Zu gern hätten sie die Mutter bei ihrer schwierigen Mission begleitet. Aber sie sahen ein, dass sich das nicht gehörte.

Daheim zog Klara den Bauplan hervor und breitete ihn auf dem Esstisch aus.

„Es muss eine Fälschung sein", meinte sie. „Auch wenn Vater wirklich der Täter wäre, wäre er auf keinen Fall so dumm, ein solches Beweisstück am Tatort zu hinterlassen."

„Aber ist Lambert überhaupt in der Lage, eine derartige Zeichnung anzufertigen?", warf Johannes zweifelnd ein.

Das Mädchen zuckte mit den Schultern. „Warum nicht? Vater erzählte doch, dass Lambert sehr talentiert ist."

„Jedenfalls ist es eine gute Fälschung, leider", seufzte Johannes. „Lambert hat sogar daran gedacht, Vaters Initialen einzuzeichnen. Alles deutet darauf hin, dass der Plan von Vater stammt."

„Mmh", machte Klara. Sie schien über etwas nachzugrübeln. Wortlos ging sie ins Schlafgemach der Eltern, wo Arnold in einer Truhe einige wichtige Pläne verwahrte. Sie zog eine Skizze der Kathedrale von Reims hervor, kehrte damit zum Tisch zurück und breitete sie neben dem anderen Plan aus. Einige Minuten starrte sie auf die beiden Zeichnungen. Plötzlich schnippte sie mit den Fingern.

„Ich hab's!", rief Klara außer sich vor Freude. „Ich habe den Beweis, dass es sich um eine Fälschung handelt!"

Was hat Klara erkannt?

Schritte im Dunkeln

So verließ Arnold noch am selben Abend als freier Mann den Kerker. Und nicht nur das: Nachdem seine Unschuld erwiesen war, hatten die *magistri civium*, die Bürgermeister der Stadt Köln, Arnold auch wieder als Dombaumeister eingesetzt. Überglücklich schloss er vor dem düsteren Gefängnis seine Frau und die Kinder in die Arme.

„Was würde ich nur ohne euch tun?", fragte er.

„Bei Brot und Wasser auf deinen Prozess warten", erwiderte Klara trocken.

„Ja, vermutlich", stimmte ihr Arnold mit einem erleichterten Lächeln zu. „Apropos Brot und Wasser: Ich habe ziemlichen Hunger."

„Dann nichts wie nach Hause", schlug Ida vor.

Auf dem Heimweg wollte Arnold unbedingt noch am Dom vorbeigehen und dort nach dem Rechten sehen. Obwohl die Arbeiten längst ruhten, standen an der Dombauhütte noch viele Männer.

Winrich erkannte die herannahende Familie als Erster.

„Meister Arnold!", rief er freudig. „Schön, Euch zu

sehen! Es hat sich schon herumgesprochen, dass Ihr wieder ein freier Bürger seid!"

Der Dombaumeister wurde von allen herzlich begrüßt. Vor allem Wolfgang und Meinhard überschlugen sich fast vor Höflichkeit.

„In der ganzen Stadt sucht man nach Lambert", erzählte Wolfgang. „Leider bisher ohne Erfolg. Aber man wird ihn schon erwischen, Meister Arnold!"

„Wie freundlich die alle plötzlich wieder sind! Ist das nicht verlogen?", meinte Johannes kopfschüttelnd.

„Und wie!", antwortete Klara. „Aber Hauptsache, Vater hat seine Arbeit wieder!"

Später, als sie ausgelassen in der Stube zusammensaßen, wurde Johannes plötzlich nachdenklich.

„Wenn sich Vaters Freilassung schon herumgesprochen hat, müssen wir davon ausgehen, dass auch Lambert davon gehört hat", meinte er.

„Was willst du damit sagen?"

„Ich fürchte, dass Lambert erneut zuschlagen wird", erklärte Johannes. „Schließlich hat er sein Ziel nicht erreicht, dir zu schaden, Vater. Also wird er es weiterprobieren. Und wer weiß, was er als Nächstes vorhat."

„So habe ich das noch nicht gesehen", gab Arnold zu. Unwirsch stellte er seinen Becher Wein auf dem Tisch ab.

„Ich glaube, Johannes hat recht", ließ sich jetzt Klara vernehmen. „Es wird einen neuen Anschlag geben. Schon bald."

„Dann muss der Rat eben dafür sorgen, dass der Dom bewacht wird!", forderte Ida.

„Nein!", widersprach Arnold. Seine Augen blitzten. „Das ist meine Aufgabe! Ich selbst werde Lambert erwischen. Aber anstatt wie heute Nachmittag ohne Sinn und Verstand durch die Stadt zu rennen, werde ich ihn dort erwarten, wo er sich nachts am liebsten hinschleicht – im Dom! Dort werde ich ihn auf frischer Tat ertappen!"

„Du willst doch nicht im Ernst im Dom übernachten!", rief Ida.

„Von schlafen habe ich nichts gesagt. Ich werde dort wachen!"

Johannes war Feuer und Flamme. „Und ich werde an deiner Seite sein!"

„Ich auch!", rief Klara.

Ida schüttelte energisch den Kopf. „Das kommt überhaupt nicht infrage!"

„Deine Mutter hat recht, Klara, du musst zu Hause bleiben", meinte auch Arnold. „Aber Johannes darf mitkommen."

Klara war wütend. Sie hatte mindestens ebenso viel zur Lösung des Falles beigetragen wie Johannes. Sie sah überhaupt nicht ein, warum sie ins Bett sollte und Johannes nicht, nur weil der ein Junge war. Als ihre Mutter sie ins Bett schickte, dachte sie deshalb gar nicht daran, die Augen zuzumachen. Im Gegenteil: Sie lauschte auf jedes Geräusch im Haus. Irgendwann hörte sie, wie ihre Mutter zu Bett ging. Und gegen Mitternacht war es endlich so weit. Die Haustür ging auf und wieder zu. Das mussten Johannes und Arnold sein, die das Haus verließen! Blitzschnell schlüpfte Klara in Kleid, Mantel und Schuhe und schlich sich an der schlafenden Mutter vorbei aus dem Haus.

Draußen war es empfindlich kühl. Etwa zwanzig Schritte vor sich sah Klara zwei Gestalten, die eilig auf den Dom zustrebten. Das mussten Arnold und Johannes sein! Sie lief den beiden hinterher. Kurz darauf öffnete Arnold die Tür am Seitenschiff der Kathedrale, und die beiden verschwanden im Dom. Klara wartete ein bisschen, dann schlüpfte auch sie durch die Pforte. Mit klopfendem Herzen drückte sie sich an den kühlen Stein eines Pfeilers. Wo waren Johannes und Arnold? In der Kirche war es stockfinster. Was wäre, dachte Klara schaudernd, wenn Lambert hier herumschlich und sie entdecken würde? Plötzlich bereute sie ihren Entschluss, nicht im Bett geblieben zu sein.

In diesem Moment legte sich eine Hand auf ihre Schulter. Das Mädchen fuhr herum, einen Schrei auf den Lippen.

„Psst!", machte Johannes.

„Wie kannst du mich nur so erschrecken!", zischte Klara wütend.

„Und wie kannst du es wagen, uns hinterherzuschleichen?", zürnte Arnold, der jetzt hinzukam. „Du gehst sofort zurück!"

„Allein? Ich fürchte mich aber", meinte Klara.

„So ein Mist", schimpfte Arnold. „Wir können dich jetzt nicht begleiten. Lambert kann jeden Augenblick hier auftauchen. Also meinetwegen, bleib hier."

Klara grinste von einem Ohr zum anderen. „Danke, Vater."

„Folgt mir", sagte Arnold kurz angebunden. „Und keinen Lärm mehr, verstanden?" Er führte die Kinder mit traumwandlerischer Sicherheit durch das Langhaus des Doms. Dann überquerten sie die im Bau befindliche Vierung und gelangten in den Chorumgang mit seinen zahlreichen Kapellen.

„Da hinauf", flüsterte Arnold, als sie vor einem Gerüst standen. „So kommen wir zum Triforium. Von dort haben wir eine bessere Übersicht."

Übersicht?, dachte Klara zweifelnd. Zu sehen war

wahrlich nicht viel, obwohl sich ihre Augen allmählich an die schlechten Lichtverhältnisse gewöhnt hatten.

Als sie den Säulengang des Triforiums erreicht hatten, kauerte sich Arnold hin und gab den Geschwistern ein Zeichen, sich neben ihn zu hocken.

„Was machst du, wenn Lambert wirklich auftaucht?", fragte Johannes im Flüsterton.

„Ihn überwältigen, was sonst?", erwiderte sein Vater, als sei es das Selbstverständlichste der Welt. „Es wird mir ein Vergnügen sein!"

„Und wenn er sich wehrt?"

Arnold deutete auf seinen Gürtel, an dem sein Zweispitz hing. „Dann wird Lambert damit Bekanntschaft machen. Und außerdem habe ich ja dich, mein Sohn."

„Klar", sagte Johannes und schluckte. Er starrte angestrengt in die Dunkelheit. Ein Stück vor ihnen musste die Vierung liegen, die sie vorhin überquert hatten. Aber er konnte so gut wie nichts erkennen. Lambert würde sich ohne Weiteres an ihnen vorbeischleichen können, ohne entdeckt zu werden. Er teilte seinem Vater diese Befürchtung mit.

Arnold lachte leise. „Du hast recht, wir können nicht viel sehen. Aber von unserem Standort aus werden wir Lambert hören, wenn er kommen sollte. Nachts hört man im Dom jeden Schritt. Verlasst euch auf eure Ohren, Kinder."

Johannes nickte ergeben, während seine Schwester ihren Mantel enger um die Schultern zog. Die Kälte kroch langsam, aber unaufhaltsam durch den Stoff. Das Mädchen schloss die Augen und horchte in die nächtliche Kathedrale hinein. Die Stille war fast vollkommen. Eine Stunde verging, die Klara unendlich lang vorkam.

Doch plötzlich hörte sie ein Rascheln – was war das? Sie riss die Augen wieder auf. An ihren Füßen huschte etwas vorbei! Ein dunkler Schatten sauste über den Boden. Klara biss sich auf die Lippen. Nicht schreien!

„Nur eine Ratte", wisperte ihr Bruder spöttisch. „Hast du etwa Angst?"

„Nein, natürlich nicht", erwiderte Klara schroff.

„Ruhe!", fuhr Arnold sie an. Er legte sich flach auf den Bauch und deutete ins Langhaus hinunter. Klara starrte in die Dunkelheit, bis ihre Augen brannten. Nichts. Oder doch? Für einen Moment glaubte sie, einen Schatten zu sehen, der sich an der Kanzel vorbeidrückte. Jetzt war er wieder verschwunden, verschluckt von der Nacht. Hatte sie sich geirrt?

Konzentriere dich auf dein Gehör, ermahnte Klara sich. Ja, jetzt war sie sich sicher: Da waren Schritte zu hören! Gleich unter ihnen. Es war so weit. Auch ihr Vater hatte die Schritte vernommen. Langsam richtete er sich auf und legte die Hand auf den Zweispitz.

Plötzlich sahen sie einen schwachen Lichtschimmer. Hatte Lambert eine Laterne dabei?, überlegte Klara. Doch dann roch sie etwas, das sie in Panik versetzte: Feuer!

„Der Kerl will den Dom in Brand setzen!", rief Arnold entsetzt. Er stürmte die Treppe vom Triforium hinunter. Die Kinder hielten sich dicht hinter ihm. Rasch hatten sie das Feuer entdeckt: Im südwestlichen Chor brannte das unterste Brett eines Gerüsts.

Daneben an der Mauer konnte man im Schein der Flammen den blutroten Handabdruck und den Schriftzug *Satan* erkennen.

„Rasch, wir müssen verhindern, dass sich das Feuer ausbreitet", brüllte Arnold. „Klara, lauf und hol Hilfe. Und du, Johannes, hilfst mir hier!" Mit diesen Worten zog der Dombaumeister seine Jacke aus und begann, damit die Flammen auszuschlagen. Dichter Qualm hüllte ihn ein.

„Pass auf, Vater!", schrie Johannes. Aber dann vergaß auch er jede Vorsicht und folgte Arnolds Beispiel, während Klara aus der Kathedrale rannte. Der Kampf mit dem Feuer erwies sich schwerer als erhofft. Der beißende Rauch und die Hitze nahmen Johannes und Arnold fast den Atem, doch sie schlugen unermüdlich auf die Flammen ein.

„Wir schaffen es nicht allein!", keuchte Arnold. Sein Gesicht war schweißüberströmt, ein Teil seiner Haare versengt. „Hoffentlich kommt Klara bald mit Verstärkung!"

Wie auf Kommando stürmte in diesem Moment eine Gruppe von Männern, angeführt von Klara, in den Dom. Unter ihnen waren auch Winrich, Wolfgang und Gregorius. Sofort bildeten die Männer eine Eimerkette mit Löschwasser. Völlig erschöpft ruhten sich Arnold und Johannes etwas aus und beobachteten die Löschversuche der anderen. Langsam bekamen die Männer den Brand in den Griff.

„Ein Glück!", rief Arnold erleichtert. „Lamberts Plan ist vereitelt! Nur dumm, dass wir diesen Schurken nicht geschnappt haben!" Johannes antwortete nicht. Er schien seinem Vater gar nicht zugehört zu haben. Unverwandt starrte er in den Kirchenraum.

„Was ist mit dir? Siehst du Gespenster?", fragte Arnold.

„Nein, keine Gespenster", erwiderte der Junge. „Aber ich glaube, ich habe Lambert entdeckt!"

Was hat Johannes gesehen?

Die rechte Hand des Teufels

Jetzt hatte auch Arnold den verräterischen Schatten auf dem Triforium entdeckt.

„Hinterher!", gellte seine Stimme durch den Dom. „Er darf uns nicht entkommen."

Als Antwort ertönte ein schrilles Lachen. Dann kam Bewegung in den Schatten. Die verhüllte Gestalt huschte davon und verschwand zwischen zwei Säulen. Arnold und Johannes stürmten die Treppe hinauf. Im ersten Moment wollte auch Klara hinterherlaufen, doch dann überlegte sie es sich anders.

„Komm!", sagte sie zu Winrich. „Wir schneiden Lambert den Weg ab!"

Der Dicke setzte den vollen Wassereimer ab und wischte sich über die Stirn. „Lambert? Wer ist das?"

„Egal – wir haben jetzt keine Zeit für lange Erklärungen", drängte das Mädchen. „Los, es ist wichtig!"

Inzwischen hatten Arnold und Johannes die Treppe hinter sich gelassen. Der Mann war keine dreißig Meter vor ihnen entfernt. Gleich würde er den Chorumgang erreichen.

„Lambert, ich weiß, dass du es bist!", schrie Arnold.

Erneut erklang das schrille Lachen, das Johannes das Blut in den Adern gefrieren ließ. „Er ist wahnsinnig", durchfuhr es den Jungen. Der Bruder seines Vaters musste völlig durchgedreht sein!

„Bleib stehen!", verlangte der Dombaumeister. „Gib auf, Lambert, du hast keine Chance!"

Plötzlich war der Schatten spurlos verschwunden. Die Verfolger rannten weiter und sahen sich hektisch um. Johannes entdeckte einen Fensterbogen. Er beugte sich hinaus. Draußen stand eine Leiter angelehnt. Da! Geschickt wie ein Eichhörnchen kletterte der Mann die Leiter hinab. Arnold packte die Enden der Leiter und schob sie ein Stück vom Fenstersims weg.

„Ich stoße die Leiter um, wenn du nicht wieder raufkommst!", drohte er dem Fliehenden. Doch der lachte nur und kletterte weiter.

„Ich mache keine Scherze!", brüllte Arnold, während er sich aus dem Fenster lehnte und an der Leiter wackelte. Sie stand jetzt fast senkrecht und drohte jeden Moment, Übergewicht zu bekommen. Der Gejagte erkannte die Gefahr, in der er schwebte. Er zögerte und warf einen gehetzten Blick nach oben. Und dann sprang er.

„Verflixt!", schimpfte Arnold. „Der Kerl ist ja lebensmüde! Komm, Johannes, wir müssen auch runter. Schnell!" Schon stand der Dombaumeister auf der Leiter.

„Lasst euch Zeit", kam es da von unten. Überrascht schauten Johannes und Arnold hinab. Undeutlich konnten sie einen hünenhaften Mann erkennen. Neben ihm stand eine weitaus kleinere Gestalt mit einer Fackel.

„Winrich und Klara, seid ihr das etwa?", rief Arnold verdutzt.

„Ja. Wir haben uns erlaubt, das Fallobst einzusammeln, Meister Arnold", rief Winrich und lachte dröhnend. Gleich darauf hatten auch Arnold und Johannes wieder festen Boden unter den Füßen. Winrich war gerade dabei, den benommen wirkenden Mann mit einem Strick zu fesseln.

„Der Kerl ist mir genau in die Arme gehüpft", erklärte er. „Erst wollte er abhauen, aber ich habe ihm eins übergezogen. Und jetzt wird er hübsch verpackt. War übrigens Klaras Idee hierherzukommen. Ein kluges Kind, das muss man ihr lassen." Das Mädchen strahlte über das ganze Gesicht.

„Gut gemacht", lobte auch der Dombaumeister. „Aber jetzt zu dir." Er wandte sich an den Gefesselten und zog ihm die Kapuze vom Kopf. Ein schmales Gesicht mit einer langen Nase kam zum Vorschein. Die Ähnlichkeit mit Arnold war verblüffend.

„Lambert, du bist es tatsächlich", sagte der Dombaumeister. Seine Stimme klang traurig.

Vielleicht hat er bis zuletzt gehofft, dass nicht ausgerechnet sein eigener Bruder der Täter ist, dachte Johannes.

„Warum?", fragte Arnold tonlos. „Warum hast du das getan?"

Lamberts Gesichtszüge wurden hart. „Ich wollte dich vernichten", zischte er. „Als ich vor zwei Wochen zerlumpt und

mittellos nach Köln kam, hatte ich eigentlich vor, dich um Arbeit zu bitten. Dich, den großen Dombaumeister – ha!"

Johannes ballte die Fäuste. „Du bist ja nur neidisch!"

„Was weißt du schon?", rief Lambert. „Damals in Reims, da hat man Roland und mich nach dem Streit von der Baustelle gejagt. Aber der feine Herr Arnold durfte bleiben und hat Karriere gemacht. Und ich blieb auf der Strecke."

„Das war doch nicht meine Schuld!", widersprach Arnold. „Außerdem hättest du doch woanders arbeiten können."

„Ja, aber Reims war die schönste und komplizierteste Kathedrale weit und breit. Du hast ihre Geheimnisse kennengelernt. Geheimnisse, die dir zum Bau des Kölner Doms von Nutzen sind!" Lambert starrte zu Boden. „Und was blieb mir? Ich half beim Errichten von ein paar läppischen Dorfkirchen."

Arnold schüttelte ärgerlich den Kopf. „So ein Unsinn. Du bist an deiner Faulheit gescheitert, und daran, dass du zu wenig Ehrgeiz hast. Das ist alles! Aber warum hast du mich nicht um Arbeit gebeten, als du nach Köln kamst?"

„Oh, ich war schon auf dem Weg zu dir. Der Hunger hatte meinen Stolz gebrochen, sodass ich dich, meinen ärgsten Feind, bitten wollte, mir zu helfen. Es war ein Sonntag, die Arbeit am Dom ruhte, und so fragte ich mich zu deinem Haus durch. Aber dann kam alles ganz anders. Ich sah dich zufällig mit deiner Familie in der Nähe des Hahnentors." Lambert lachte hohl, bevor er fortfuhr. „Was für ein Anblick! Der Herr Dombaumeister in seinem edlen Gewand, daneben seine fein herausgeputzten Kinder und, tja, und dann seine Frau ..."

„Du hast dich in Mutter verliebt!", sagte ihm Klara auf den Kopf zu. „Wir haben dein Gedicht gefunden."

Lamberts Augen bekamen einen seltsamen Glanz. „Ida, was für eine Frau! Nie sah ich ein schöneres Gesicht. Ich war wie verzaubert. Doch sie würdigte mich, den abgerissenen Steinmetzen, keines Blickes. Dennoch wollte ich sie besitzen!"

„Und da hast du beschlossen, Vater aus dem Weg zu räumen", ahnte Johannes.

„Du sagst es", gestand Lambert. „Ich wollte seine Frau – und selbst Dombaumeister werden. Denn ich bin mindestens

genauso gut wie Arnold. Ich schmiedete einen guten Plan. Arnold sollte als Satans Komplize enttarnt werden, als die rechte Hand des Teufels. Dadurch würde er Beruf und Ansehen verlieren. Seine Familie wäre mittellos gewesen – und Ida vielleicht für mich empfänglicher."

„Niemals wäre Mutter Vater untreu geworden!", rief Klara.

„Davon hast du keine Ahnung", erwiderte Lambert schroff.

„Nein, du hast von Frauen keine Ahnung!", konterte Klara.

„Wie bitte? Ganz schön frech, die Kleine!", beschwerte sich Lambert. „Sei's drum. Ich kroch in dieser Bruchbude in der Nähe der Kathedrale unter. Nachts schrieb ich Gedichte an Ida, aber sie waren so schlecht, dass ich sie wegwarf. Dann stahl ich dem Vorarbeiter den Schlüssel zur Dombauhütte und ließ ihn nachmachen. Mit diesem Schlüssel war es leicht, aus der Hütte ein paar sehr nützliche Dinge zu entwenden – den Zirkel und die Jacke zum Beispiel, die ich bei den Anschlägen wie zufällig liegen ließ, damit der Verdacht auf Arnold fiel. Glaubt mir, das Spiel hat mir zunächst richtig Spaß gemacht!"

„Ein teuflisches Spiel", meinte Arnold verächtlich.

„Doch leider konntest du immer wieder den Kopf aus der Schlinge ziehen", erzählte Lambert. „Also machte ich weiter. Ich verstehe nicht, warum man dich wieder freiließ, nachdem dein Bauplan am beschmierten Dreikönigsschrein lag."

Stolz berichtete Klara, wie sie den entscheidenden Unterschied auf den Zeichnungen entdeckt hatte. „Tja, auch vom Fälschen hast du keine Ahnung!", urteilte sie.

„Die Kleine ist wirklich verdammt frech!", knurrte Lambert.

„Genug geredet", befand Arnold nun. „Wir sollten Lambert den Männern zeigen. Ich bin mir sicher, dass sie meinen Bruder gerne kennenlernen wollen."

In der Kathedrale waren gerade die letzten Flammen gelöscht worden. Erschöpft saßen oder standen die Männer herum, als der seltsame Zug hereinkam. Arnold erklärte ihnen, wer der Gefangene war.

„Dein Bruder ist für all das verantwortlich?", fragte Wolfgang ungläubig, sobald Arnold fertig war.

„Ja, und wir haben ihn zur Strecke gebracht!", riefen Klara und Johannes.

Gregorius, der Vikar, hatte noch Zweifel. „So? Gestanden soll er haben? Dieses Geständnis hätte ich doch gerne selbst gehört. Gibt es sonst keinen Beweis für die Schuld dieses Fremden?", fragte er. Johannes und Klara tauschten einen kurzen Blick.

„Doch, einen Beweis gibt es noch", sagten die beiden dann kühn.

„Was habt ihr vor?", fragte Arnold.

„Nimm Lambert die Fesseln ab", bat Klara. Zögernd gehorchte Arnold. Jetzt führten die Kinder Lambert an die Mauer mit dem blutroten Handabdruck. „Leg deine Hand darauf!", verlangten sie. Als Lambert sich nicht rührte, packte Winrich ihn und drohte: „Wird's bald?"

Widerwillig drückte Lambert seine rechte Hand auf den Abdruck. Es konnte keinen Zweifel geben.

„Tatsächlich, er ist es!", rief Gregorius. „Er ist die rechte Hand des Teufels!"

Rasch wandte er sich an Arnold und sagte: „Verzeih mir, wenn ich dich verdächtigt habe, Dombaumeister." Arnold nickte gnädig. Er war mit dem Verlauf dieser Nacht sehr zufrieden. Aber noch zufriedener war er mit seinen Kindern – denn er wusste, wem er seine Freiheit zu verdanken hatte. Lächelnd fuhr er ihnen über die Köpfe.

Lösungen

Die blutenden Steine
Klara hat eine Fußspur entdeckt, die von der Blutlache weg das Gerüst hinunterführt.

Verräterische Spuren
Die Blutspur führt unter anderem durch eine schmale Spalte in der Mauer. Durch diese hätte der dicke Winrich nie gepasst.

Das verfallene Haus
Auf dem Pergament steht:
Für Ida: Du bist so schön, so rein
So gern würde ich dein Manne sein.

Der geheimnisvolle Schlüssel
Einer der Schlüssel aus dem unheimlichen Haus stimmt mit einem von Arnolds Schlüsseln überein.

Unter Verdacht
Der Schmied sagt, dass er nicht wisse, ob sein Nachbar in der letzten Nacht da gewesen sei. Aber nach dieser Nacht hat ihn niemand gefragt.

Ein hartes Urteil
Nur Lambert kommt als Täter infrage, denn er kann im Gegensatz zu Roland schreiben. Und der Täter hinterlässt an der Kirche stets das Wort *Satan*.

Anschlag auf die Heiligen Drei Könige
An dem Wort *Nord* kann man erkennen, dass es sich um unterschiedliche Handschriften handelt.

Schritte im Dunkeln
Johannes hat einen menschlichen Schatten auf dem Triforium entdeckt.

Glossar

Arkade: Bogen auf Pfeilern oder Säulen, auch eine Bogenreihe oder ein Bogengang, z. B. im Erdgeschoss einer Kathedrale

Chor: erhöhter Kirchenraum, in dem sich der Hauptaltar und der Bereich für die Geistlichen befinden

Chorumgang: um den Chor herumführendes Seitenschiff mit Chorkapellen

Dreikönigsschrein: das größte und künstlerisch bedeutsamste Reliquiar des Mittelalters. Der Schrein wurde von 1190 bis 1220 von der Werkstatt des Goldschmieds Nikolaus von Verdun für die 1164 aus Mailand nach Köln gebrachten Gebeine der Heiligen Drei Könige gefertigt.

Gotik: die Baukunst des hohen Mittelalters, die sich in der Mitte des 12. Jahrhunderts aus der romanischen Baukunst entwickelte (bis ca. 1600)

Initialen: Anfangsbuchstaben

Langhaus: Teil einer Kirche, der dem Chor gegenüberliegt. Raum für die Gläubigen

Magistri civium: Bürgermeister

Obergaden: oberstes der drei Geschosse der Mittelschiffwand einer Kathedrale, in dem sich die großen Fenster befinden

Pergament: einziges Schreibmaterial des Mittelalters, hergestellt aus ungegerbten, geschabten und geölten Tierhäuten

Pilger: Gläubige, die eine Wallfahrt zu einem Heiligtum machen
Querschiff: Kirchenraum quer zum Langhaus
Rat der Stadt Köln: zu Beginn des 13. Jahrhunderts als Gegenpol zum Machtanspruch des Erzbischofs gegründet. Der Rat bestand aus 15 Ratsherren, die aus den 15 vornehmsten Familien von Köln stammten. Er gewann immer mehr Macht – bereits im 14. Jahrhundert traf er alle wichtigen Entscheidungen der Stadt.
Reliquiar: künstlerisch gestalteter Reliquienbehälter
Reliquie: körperlicher Überrest eines Heiligen, z. B. ein Teil seiner Kleidung, der religiös verehrt wird
Richerzeche: Zusammenschluss der Reichen der Stadt, dem die Bürgermeister vorstanden. Vom Erzbischof unabhängiges städtisches Entscheidungsorgan, das über Zunft- und Bürgerrecht, die Befestigung der Stadt und den Handel wachte
Sagehal: Haken, mit dem Kessel und Töpfe über dem Feuer aufgehängt werden konnten
Sakristei: Nebenraum der Kirche zum Vorbereiten der Gottesdienste
Triforium: mittleres Geschoss der Kathedrale, Säulengang
Vierung: in einer Kirche der Kreuzungspunkt von Mittelschiff und Querschiff
Vikar: Stellvertreter eines kirchlichen Amtsträgers
Zweispitz: Werkzeug der Steinmetzen zum groben Behauen der Rohblöcke
Zwingkeil: eisernes Werkzeug zum Heben von bis zu einer Tonne schweren Steinblöcken

Zeittafel

1248	Baubeginn des Kölner Doms
1260	Arnold wird Dombaumeister.
1262	Vertreibung des Kölner Erzbischofs Engelbert II. von Falkenburg aus Köln, Zurückdrängung der erzbischöflichen Macht
1265	erste Gottesdienste in den bereits fertig gestellten Chorkapellen
1277	Weihe der Domsakristei
1275–1297	Siegfried von Westerburg ist Kölner Erzbischof.
1288	Die Kölner Bürger schlagen die Truppen von Erzbischof Siegfried von Westerburg in der Schlacht bei Worringen (heute ein Kölner Vorort) und nehmen den Erzbischof fest. Der Erzbischof muss die Freiheiten der Stadt beschwören. (1289 kommt er wieder frei.)
1300	Johannes, Sohn von Arnold, wird Dombaumeister. Vollendung des Obergadens des Chores. Baubeginn am Südturm.
1322	Chorweihe im Kölner Dom

Der Kölner Dom und die mittelalterlichen Zünfte

*Der Kölner Dom –
über 600 Jahre im Bau*

Ausschlaggebend für den Bau des Kölner Doms waren die Gebeine der Heiligen Drei Könige, die 1164 aus Mailand nach Köln gebracht wurden. Zunächst waren sie im alten Dom ausgestellt. Der Pilgeransturm war jedoch so groß, dass man entschied, eine neue, viel größere Kirche zu bauen. Die Stätte der Heiligen Drei Könige sollte sich von den übrigen Kirchen der Stadt Köln deutlich abheben.

1248 legte Erzbischof Konrad von Hochstaden den Grundstein zum heutigen Dom. Er sollte nach dem Vorbild französischer Königskathedralen errichtet werden.

In den folgenden drei Jahrhunderten erlebte Köln durch die Großbaustelle eine wirtschaftliche Blüte, weil es viel Arbeit gab. In dieser Zeit entstanden auch die Zünfte.

Im Jahr 1277 wurde die Sakristei, 1322 der Chor

vollendet. Danach verringerte sich das Bautempo deutlich; es fehlte an Geld. 1560 schließlich kam der vorläufige Stopp der Arbeiten. Fast 300 Jahre lang tat sich auf der Baustelle nichts mehr. Immerhin war der Dom zu diesem Zeitpunkt bereits überdacht.

Erst 1842 kam wieder Leben in die Bauarbeiten, nachdem man die Fassadenpläne aus dem 13. Jahrhundert gefunden hatte. Nun galt der Dom als ein nationales Symbol, das vollendet werden musste. Der preußische König Friedrich Wilhelm IV. von Hohenzollern legte den Grundstein, die Vollendung des Doms wurde bereits 1880 durch den deutschen König Wilhelm I. gefeiert.

1945 wurde der Kölner Dom durch 14 schwere und viele kleinere Bomben erheblich beschädigt. Fast die Hälfte aller Gewölbe stürzte ein, und auch der Nordturm drohte zusammenzubrechen. Erst 1956 konnte der Dom nach umfangreichen Restaurationen wieder für Gottesdienste freigegeben werden.

Seitdem hat der Dom sein Aussehen nicht mehr verändert. Dennoch wird er immer eine Baustelle bleiben: An der Kathedrale muss ohne Unterlass gearbeitet werden, weil durch die Luftverschmutzung die Steine, die früher einmal hellbeige waren, angegriffen und zerstört werden.

Für alle, die Zahlen lieben, ein paar faszinierende Fakten zum Dom: Er ist 144 Meter lang und 86 Meter breit. Süd- und Nordturm sind jeweils 157 Meter hoch. Insgesamt bedeckt der Dom eine Fläche von 7 914 Quadratmetern. Das entspricht mehr als einem Fußballfeld! Die gesamte Fensterfläche beträgt 10 000, die Dachfläche sogar 12 000 Quadratmeter – also fast zwei Fußballfelder!

Die Zünfte

Die mittelalterlichen Handwerker waren in Zünften zusammengeschlossen. Zünfte gab es in den Städten seit dem 12. Jahrhundert. Es bestand Zunftzwang, das heißt, sogar Bürger, die kein Handwerk betrieben, wie Künstler oder Bettler, mussten sich in Zünften zusammenschließen.

Das Recht der Zünfte war in den Zunftrollen niedergeschrieben, die vom Rat der Stadt bestätigt waren. Dadurch, dass nur Zunftmitglieder ein bestimmtes Handwerk ausüben durften, schützte die Zunft die Handwerker vor Konkurrenz. Sie legte die Arbeitslöhne fest und kontrollierte die Qualität der Arbeit. Verarmte Mitglieder und deren Familien wurden aus einer gemeinsamen Kasse unterstützt.

Allmählich gewannen die Zünfte immer mehr an Macht und bekamen großen politischen Einfluss. Um ihre Macht zu zeigen, errichteten sie zum Teil prachtvolle Zunfthäuser.

Jede Zunft hatte ihre eigenen Wappen – die Steinmetzen zum Beispiel den Zirkel – und Schutzheiligen.

Die Zünfte hatten die Pflicht, den Bürgern nur gute Ware für einen gerechten Preis anzubieten. Sie durften ihre wirtschaftliche Macht nicht missbrauchen, indem sie zum Beispiel die Qualität der Waren verschlechterten oder die Preise erhöhten. Zudem regelten die Zünfte die Tätigkeiten ihrer Mitglieder bis ins Kleinste. So durften die Zunftmeister nicht länger als ihre Kollegen arbeiten, nicht mehr Lehrlinge als vorgeschrieben beschäftigen, den Gesellen nicht mehr Lohn zahlen als vereinbart und ihre Waren nicht anpreisen.

Sogar ins Privatleben ihrer Mitglieder wirkte die Zunft hinein. Bei festlichen Anlässen wie Taufen, Hochzeiten oder Begräbnissen mussten zum Beispiel alle Meister und deren Familienmitglieder eingeladen werden.

Nur die Meister waren sogenannte Vollgenossen, das heißt vollwertige Mitglieder der Zünfte, nicht die

Gesellen und Lehrlinge. An der Spitze der jeweiligen Zunft standen die gewählten Zunftmeister.

Lehrlinge und Gesellen

Lehrlinge wurden zwei bis vier Jahre lang ausgebildet und lebten während dieser Zeit – wie die Gesellen – in der Familie des Meisters. Sie durften nicht heiraten, spielen, tanzen oder Alkohol trinken. Bei einem Verstoß gegen diese Regeln mussten sie eine bestimmte Summe zahlen. Dieses Geld wurde in der sogenannten Lade aufbewahrt, in der auch die anderen Einnahmen der Zunft gesammelt wurden. Mithilfe des Geldes wurden Einrichtungen wie Krankenhäuser oder Kapellen erbaut.

Brach jemand die Lehre ab, musste er dem Meister alle Kosten für seinen Unterhalt zurückzahlen.

Ein sorgfältig gefertigtes Gesellenstück, das vom Meister eingehend geprüft wurde, beendete die Lehrzeit. Vor der versammelten Zunft sprach der Zunftmeister die Lehrlinge frei. Dann ging der frischgebackene Geselle für einige Jahre auf die Wanderschaft. Nicht selten reiste er in dieser Zeit in fremde Länder, um dort seine Handwerkskünste zu verbessern.

Ziel eines jeden Gesellen war es, selbst einmal Meister zu werden. Weil die Zünfte aber nur eine beschränkte Zahl von Meistern zuließen, war der einzige Weg oft die Heirat einer Meisterstochter. Die meisten Gesellen blieben ihr Leben lang Geselle.

Ihr Leben war hart: Zwölf bis sechzehn Stunden Arbeit am Tag waren normal. Der Lohn fiel jedoch so gering aus, dass er zuweilen kaum zum Überleben reichte. In ihrer Not gründeten die Gesellen schließlich Bruderschaften und andere Verbände, um sich gegen die Ausbeutung durch die Meister zu wehren. Diese Vereinigungen drohten mit Streik und erreichten dadurch bessere Arbeitsbedingungen und mehr Lohn. In der zweiten Hälfte des 16. Jahrhunderts waren die Druckergesellen in Lyon schon so stark organisiert, dass sie ihre Löhne selbst festsetzten.

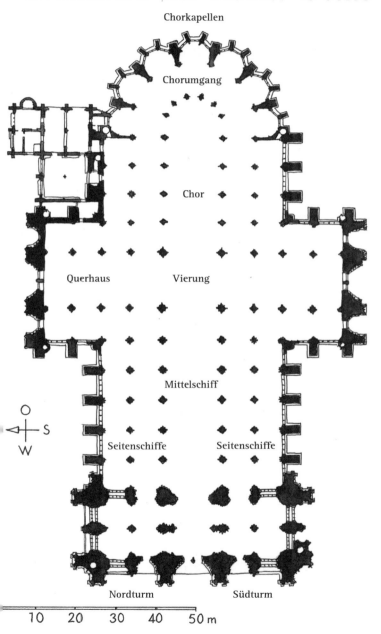

Fabian Lenk wurde 1963 in Salzgitter geboren. Der Musik-, Brettspiele- und Fußball-Fan studierte in München Diplom-Journalistik und ist seitdem als Redakteur tätig. Er hat seit 1996 zahlreiche Kriminalromane und Kinderbücher veröffentlicht. Fabian Lenk lebt mit seiner Familie in Norddeutschland.

Michaela Sangl wurde 1969 geboren. Ihr Architekturstudium hat die Neuseeländerin mit Gesang finanziert. Nach Studien in Wien, Rom und Berlin lebt Michaela Sangl heute die meiste Zeit des Jahres in Deutschland. Wenn sie nicht gerade zeichnet, singt und komponiert sie unter ihrem Künstlernamen „twin" *(twinberlin@hotmail.com).*

Historische Ratekrimis
Geschichte erleben und verstehen!

Weitere Titel aus der Reihe:

- Der Mönch ohne Gesicht
- Gefahr für den Kaiser
- Spurensuche am Nil
- Falsches Spiel in der Arena
- Unter den Augen der Götter
- Eine Falle für Alexander
- Der Geheimbund der Skorpione
- Rettet den Pharao!